中华先贤人物故事汇

鉴真

雷　勇　著

中华书局

图书在版编目（CIP）数据

鉴真/雷勇著. —北京：中华书局，2022.1
（中华先贤人物故事汇）
ISBN 978-7-101-15347-7

Ⅰ.鉴⋯ Ⅱ.雷⋯ Ⅲ.鉴真（688～763）-生平事迹
Ⅳ.B949.92

中国版本图书馆 CIP 数据核字（2021）第 187982 号

书　名	鉴　真
著　者	雷　勇
丛 书 名	中华先贤人物故事汇
责任编辑	马　燕
出版发行	中华书局
	（北京市丰台区太平桥西里 38 号　100073）
	http://www.zhbc.com.cn
	E-mail:zhbc@zhbc.com.cn
印　刷	北京瑞古冠中印刷厂
版　次	2022 年 1 月北京第 1 版
	2022 年 1 月北京第 1 次印刷
规　格	开本/787×1092 毫米　1/32
	印张 4¾　插页 2　字数 50 千字
印　数	1-8000 册
国际书号	ISBN 978-7-101-15347-7
定　价	20.00 元

出 版 说 明

孔子周游列国，创立儒家学说；张骞出使西域，开辟丝绸之路；书圣王羲之，留下了曲水流觞的佳话；诗仙李白，写下了"举头望明月，低头思故乡"的名篇；王安石为纠正时弊，推行变法；李时珍广集博采，躬亲实践，编撰医药学名著《本草纲目》……

这些杰出的历史人物，有的是在中华民族文明进程中做出过突出贡献、对后世产生过巨大影响的思想家、政治家，有的是对中华优秀传统文化的传承传播发挥过重大作用的文学家、艺术家、科学家，有的是为国家安定统一、民族融合团结和中外文化交流做出过杰出贡献的军事家、外交家……他们为中华民族的繁荣发展做出了伟大的贡献，他们的行为事迹、风范品格为当世楷模，并垂范后世。

他们是中华民族的先贤人物。他们的思想、品德、事迹，是中华优秀传统文化的结晶。他们的故事，是对中华民族的禀赋、特点和气质最生动、最鲜活的阐释。他们的名字，在五千年中华文明史上最为光彩夺目。他们为五千年中华文明史书写了最为光辉灿烂的篇章。

为了解先贤，走近先贤，我们精心组织编写了这套《中华先贤人物故事汇》丛书。以详实可靠的史料为依据，以细腻动人的故事为载体，真实地呈现中华先贤人物的事迹、品格和精神风貌，彰显他们的贡献和功绩，以激发人们对国家民族的热爱，对中华文明、中华优秀传统文化的崇敬。

开卷有益，期待这套丛书成为你的良师益友。

目 录

导 读

　　鉴真法师是一位文化传播大使，他将佛法传到东瀛，建立了日本的律宗。日本先后曾派出十几拨遣唐使，很多使船都不幸葬身海底。"沧海淼漫，百无一至"是当时两国海上往来的真实写照。虽然海途凶险，但并没有阻碍日本僧人赴唐求法的意志，也没有阻挡鉴真法师东渡传法的决心。鉴真法师去日本的目的虽然是弘扬佛法，但同时也带去了中国的建筑学、书法、中医、雕塑等技艺，对日本的文化技术产生不可估量的影响。日本人称鉴真法师为"天平之甍"，意思是日本天平时代的文化屋脊。

第一次东渡，船只、货物、人手都准备好了，却因为徒弟之间的纠纷口角——高丽僧人如海诬告其他人与海贼勾结——导致此事夭折。船只被没收，几位日本僧人下狱四个月。

第二次东渡是在长江口的狼山一带遭遇狂风，船体经不住波浪的冲击而漏水，简单修理之后行至下屿山，最终由于风浪太大，撞上礁石，困守荒岛三天。幸好有渔船经过，渔民报告明州太守，太守派人将鉴真一行搭救至阿育王寺。

第三次东渡时消息被明州一带的僧众得知，这些僧众不愿意鉴真法师冒险，便向州官告状，说荣叡和普照等人诱拐鉴真法师，导致荣叡被抓，幸好荣叡诈病，逃过一劫。东渡之事再度搁置。

第四次东渡，他们打算从福州渡海。大家翻山越岭，吃尽了苦头，来到永嘉的禅林寺，眼看接近渡海口，突然有官府中人前来追捕。原来是鉴真的徒弟灵佑联合诸寺三纲，请求官府留住师父。第四次东渡失败。

第五次东渡最称传奇，他们从扬州的新河出发，风急浪高，船行颠簸，丢了很多物品。后来经过蛇海、飞鱼海、飞鸟海，一行人胆颤心惊。后由四条金鱼引路，在小岛上补充了淡水，最终漂流到南海的振州，被当地地方官冯崇债救下。在返回扬州的途中，鉴真法师经历了荣叡之死、普照远走、双眼失明、祥彦坐化的惨事和病痛，这一连串事件对鉴真法师来说无疑是沉重打击。

第六次东渡是日本第十次遣唐使船来访，遣唐使邀请鉴真法师东渡。鉴真法师东渡之志不灭，于是乘坐遣唐使船前往日本，虽然期间也经历了一些小波澜，但总算顺利抵达。

佛家相信因缘和合。缘分未到，纵然使百分力也无济于事；缘分一到，一分力也能成就大事。鉴真法师六次东渡，一腔热忱、矢志不移，前五次都未能成功，这个过程如同来自佛祖的考验。遣唐使船的到来，方使鉴真一行终于抵达日本。

以鉴真、祥彦、思托、道璿等为代表的中国僧人，他们为了度化众生，不惧万里波涛；为了弘法大业，不惜性命。在六次东渡的过程中，以鉴真的高徒祥彦为代表的三十六人都无常而去，值得我们敬重和怀念。

一、始做沙弥

　　鉴真，广陵江阳（今江苏扬州）人，生于唐武则天垂拱四年（688）。

　　鉴真出生于淳于氏家族，其远祖淳于髡是战国时有名的政治家和思想家。鉴真的父亲是一位精明强干的商人，经商有道，一家人过得美满幸福。他是一位虔诚的佛教徒，坚信富足的生活源于佛祖的保佑，于是很早就追随扬州大云寺的智满禅师学习佛法。他平日在家里也是虔诚礼佛，专门设置了佛堂供奉佛像，佛前的油灯彻夜不息。据说鉴真出生当晚，淳于家佛堂里的灯芯突然爆出灯花，展现出七彩莲花的样子，照得整个佛堂富丽堂皇。

　　父亲的举止影响着小鉴真。父亲平日里对他宠爱有加，和他打闹嬉戏，他甚至可以在父亲面前"放肆"，可每当看到父亲虔敬礼佛时，鉴真就会觉得父亲庄严不可亵慢，在那一刻，他会静静守候在旁。父亲悠扬绵远的诵经声传出祠堂，直如天籁。

鉴真从小就比其他孩子文静，更显睿智成熟，他不常说话，但每一开口，便能一针见血。鉴真父亲好结交文人，其中一人看到鉴真，惊为异人，以"总丱俊明，器度宏博"八个字形容他。

虽然鉴真父亲笃信佛教，但是他并不打算让儿子出家。鉴真三岁时就聪慧过人，识文认字的能力比同龄孩子强许多，所以鉴真父亲很早就把他送进私塾。

鉴真就生活在这个佛教氛围浓厚的家庭里，生活在这个多元开放的扬州城里，斗转星移，慢慢长到了十多岁。

武则天长安元年（701），鉴真刚满十四岁，有一天，鉴真随父亲去大云寺进香拜佛，那天正值大云寺开光法会。扬州大云寺是隋炀帝时的长乐道场，武则天敕建后，变得更加兴旺。

鉴真拉着父亲的手，好奇地看着周围的一切，他看见众人手持香烛纷纷向寺内涌去，景况比赶集还热闹。鉴真问父亲："爹爹，这么多人都是来干什么的？"父亲说："他们都是从四面八方赶来的香客，今天可不是普通的日子。"鉴真就更好奇了，缠着父亲问："爹爹，今天到底是什么日子呀？"父亲见鉴真很有兴趣，就告诉他说："今天是智满法师登坛授戒的日子，寺院里将举行盛大的法会，难得一遇呀！"鉴真高兴地说："这就叫有缘！"父亲会意地笑了。

鉴真觉得智满法师的名字听起来很耳熟，就问："爹爹，平日里总是听您说早已皈依智满法师，是不是这位法师？"父亲万万没想到平日里不经意的一言一行全被小鉴真记在心里了。说道："正是这位法师，等下你见到法师一定要躬身施礼。"鉴真说："爹爹大可放心，您教我的礼数我都记着。"说着他双手合十作了个揖，滑稽的样子把父亲逗得哈哈大笑。

转眼就到了内院，米黄色的院墙古朴庄严，眼前的大雄宝殿形貌甚伟，几根赤红色的圆柱撑起金梁，殿顶周围雕画着数不清的佛面，千佛千面，各不相同，神情栩栩如生。大殿之内，中央的金黄色锦幔，不知遮着什么，从轮廓看像是几尊佛像，这令鉴真非常好奇。鉴真探头朝里面看，两边立着十八罗汉雕像，有长眉过膝的、有长臂通天的、有骑着大象的、有坐着梅花鹿的。

鉴真正要往大殿里面踏，却被父亲拉住："先别急，等会儿智满法师为佛像开了光，我们再进大殿，若这时候踏进这清净之地，是对佛不敬。"鉴真点点头。

过了一会儿，智满法师携众僧来到内院，神情庄重。法师行至佛像面前，行了一个大拜，僧众和香客也跟着大师一拜。

智满大师转过头来，对大家说："诸位施主光临敝寺观礼，贫僧一众深感荣幸，大雄宝殿落成，敝寺邀请能工巧匠，立此三尊佛像，今日便行开光之礼，愿佛法无边，普度众生，阿弥陀佛！"

智满法师转过身去再鞠一躬，将中间佛像的锦幔慢慢收下来，交给身边的首座弟子。锦幔落下那刻，一片金光洒向四方，鉴真差点睁不开眼睛。智满法师又拉下第二尊佛像的锦幔，那佛像的眼睛深邃又安详，仿佛洞穿了世间百态。智满法师拉下第三尊佛像的锦幔，佛像表情严肃，眼神中透露着一股坚毅，让人不由得肃然起敬。父亲告诉他，中间是婆娑世界的释迦牟尼佛，西边是极乐世界的阿弥陀佛，东边是琉璃世界的药师佛。

这三尊佛像，嘴角都挂着一丝笑容，皆为喜面佛。鉴真看着这几尊佛像，久久不愿离去。

鉴真父亲看智满法师暂时分不了身，就带着鉴真去后面的殿堂参观，他们来到观音殿。

鉴真的问题又来了："为什么大家都说救苦救难大慈大悲观世音菩萨呢？"父亲回答他："以观世音菩萨的修为，本来早已经成佛，可是观世音自愿降身为菩萨，游走在我们这个婆娑世界，为众生排忧解难。大家觉得这位菩萨最可亲，所以她最受世人的敬仰。"拜完了观音，鉴真发现观音的背后长着许多只手，好奇地问父亲："为什么观世音菩萨有那么多只手？"父亲说这里有一个故事，观世音菩萨的肉身——妙善公主为了救自己的父亲，把眼睛和手都奉献出去，后来佛祖赐她千手千眼。

鉴真听完之后说："爹爹，依我看来，观音菩萨之所以有千只手千只眼，目的就是为了度更多的苦厄。一只手一只眼忙不过来，千只手千只眼才能顾得过来。"父亲觉得鉴真说得也有道理。

拜完佛像，鉴真和父亲返回大雄宝殿。现在这里已经开始了隆重的受戒法会，还是由智满大师主持。只见戒坛之上，十位得道高僧并排而坐，受戒僧人盘坐在下，等候神圣时刻的来临。父亲告诉鉴真，每一位僧人都要经过"三师七证"。僧人受具足戒时，必须要有十位法师当场作证，才算真正具有僧籍。

受戒结束，小鉴真终于按捺不住，转过头说："父亲，我要出家，我要受戒！"虽然还是少年的声音，但这几句话铿锵有力，加之鉴真眼里出现了一种从未有过的神色，是莽撞、冲动，还是成熟、坚毅，连父亲都分辨不清。

父亲很早就把鉴真送到私塾里读书，希望他过普通人的生活。此刻他意识到是自己疏忽大意了，他只是关心孩子的饮食起居，却很少关心孩子所思所想，如今鉴真忽然这么说，父亲感到很惊讶。

他对鉴真说："儿啊，你受了戒就要断绝红

尘，我不再是你父，你不再是我儿；受了戒就要遵照法师的法旨和寺院的规矩，有时候还免不了苦行他乡，白日香炉经忏，晚上青灯黄卷，这些你能受得了吗？你可要三思呀，不能一时冲动！"

鉴真对父亲说："您刚才给我讲的观世音菩萨的故事，即使她身处香山寺，依然没有忘记她的父亲。那么我受戒之后，虽然身在空门，也一样把父母放在心中。这样难道不可以吗？"

父亲见他志诚如此，心里其实已经默许了。他接着说："你现在如果受戒，可不是像眼前这些师父这样受具足戒。你年龄还不到，只能受沙弥戒，等到了一定年龄并且有了一定修为之后，才可以受具足戒。所以现在你不要着急。"

鉴真听了父亲的话，知道他的态度已经软了下来，于是等待着受沙弥戒的机会。鉴真父亲终于能和智满法师说上话，一见到智满法师就叩拜："弟子参见师父！"智满法师对鉴真父亲说："不必多礼，快快请起。几年不见，别来无恙乎！这位小施主是？"

鉴真的父亲说："这是犬子。"

鉴真也对智满法师行了一个大礼，站起来后对法师说："师父，我愿皈依，请收我为徒。"

智满法师微微一笑，转过头对鉴真父亲说："这可是你的意思？"

"不是我的意思，是犬子自身的打算。"

"如此看来，也算是与我佛有缘之人。我看令郎眉清目秀，眼神中明光闪现，是有大慧根之人。"

鉴真继续说："我看到师父开光的三尊佛像，就暗下决心要潜心修佛，以后弘扬佛法，利益众生。"

"那几尊佛像为你带来什么呢？"

"弟子感受到慈悲的力量。倘若能把这种慈悲和温暖传播给更多的人，人间就会有更多的欢乐取代苦厄。"

智满法师听了小鉴真的回答，心中暗暗称赞，看来果然是天生慧根之人！鉴真继续说道："还请法师一定收我为徒！"智满法师越来越喜欢这位少年。

智满法师转念一想，这里只有鉴真父亲在，不知道他的母亲是什么意见，所以也不能这么莽撞就收下鉴真。他对鉴真说:"你先回去读两年书,如果到时候能领悟一点我佛的经典,我一定会收你为徒。"

鉴真说:"一言为定。"

智满法师听了这小小少年的话,内心暗喜,说"放心吧,出家人不打诳语。"

等鉴真出去以后,智满法师对鉴真父亲说:"这孩子慧根深厚,将来必有大的作为。你回去和夫人好生商议一下,切莫耽误了孩子的前途!"

鉴真父亲回家之后就把鉴真的志向告诉了夫人,夫人无论如何都不肯答应。孩子还未成年,却要离开自己,怎么能放手呢?鉴真不愿意让母亲伤心,出家的事情也就暂时搁下了。

自此以后鉴真迷恋上了佛法,他勤奋好学,已经能和父亲谈经论法,母亲也打心眼里为儿子的聪慧感到欣慰,心也就软了下来。半年后,经母亲应允,父亲带着鉴真前往大云寺,正式向智满法师提出出家的请求。智满法师一看鉴真的父母均无异议,就收下了这个心仪已久的徒弟。但是按照佛门规矩,必须要到度僧日才能正式剃度,所以鉴真只能先在大云寺中当"行者",暂时不剃发。鉴真在寺里读书用功,干活勤快,大家都喜欢他。

武周长安元年(701),武则天诏告全国所有寺庙度僧。鉴真顺利地通过了考核,领到了度牒。智满法师在寺里为鉴真举行了隆重的剃度仪式。智满法师问鉴真:"在正式剃度之前,还有什么俗事未了?"鉴真回答:"弟子虔心向佛,请师父为我剃度。"

剃度仪式正式开始,鉴真感到自己的头发被一点点地剪掉,散落在地上的头发就像是这十来年的回忆,慢慢变得模糊了。鉴真闭上了眼睛,此刻他的心志比以往都更加笃定。

剃度完成之后,智满法师赐他法名鉴真,这样鉴真就成了一个小沙弥,正式遁入空门,住大云寺中。这一年,鉴真十四岁,此后几年,鉴真在寺院里刻苦修行,每日精进。

智满法师示意剃度仪式开始，鉴真感到自己的头发被一点点地剪掉。

二、游学两京

　　日复一日，转眼已过去四年。鉴真除了念经礼佛，还做各种各样的杂务。他是一个勤快的人，每日早晨都把厨房的水缸挑满，把庭院打扫得干干净净。他还有一个爱好，就是迷恋这些庙宇的建筑。闲暇时候他仔细观察殿堂楼阁的建筑，几根柱子几根椽，檐牙斗拱有什么不同，大雄宝殿和其他殿堂的差别在哪里，上面的雕塑绘画又有什么差别。他随身带一个小包，内置文房四宝，一有空闲就把这些东西画下来，不懂的地方还会追着僧匠问个不停。可以说，鉴真很早就具备了建筑师的基本素质。

　　有一天，禅堂的知藏在整理经文，他左手把经文从书架上抽出来，右手拿着卷目，嘴里叼着一支笔，他需要把每卷经文的名称记下来，以方便查阅。鉴真看见了，就过去帮他抄写卷目，知藏看他年纪小怕他干不了，没想到鉴真拿起笔就抄了起来，原来他在私塾里受过非常好的书法教育，从小就写得一手好字，连知藏也自愧不如。此后鉴真就有了新差事，每天协理知藏整理经卷、抄写经文，这事情如果是无心之人去做，就只会当成体力活，抄誊即可。但是鉴真不一样，他每抄录一卷经文，都会默默记在心里，不懂的地方就问知藏，因为鉴真的问题太多，有时知藏也解释不了。鉴真的佛法知识由此得到长进。

这年是神龙元年（705），适逢光州（今河南潢川）龙兴寺道岸律师云游扬州。智满法师知道，这对鉴真来说是一个难得的机会。

道岸律师精通戒律，兼修天台宗，名气非常大。道岸俗姓唐，世代居住在颍川（今河南许昌），是当地的望族，后来迁居到光州。道岸出家后一直坚持修行戒律和仪轨，相继住持过白马寺、中兴寺、庄严寺、荐福寺。因为他弘扬律法，在他门下受戒的僧侣众多，一时间被誉为"四百州授戒之主"，被尊称为"大和上"。道岸同时还是南山律宗的开山祖师，曾蒙皇上召见。皇上专门请宫廷画师为道岸画了肖像，挂在林光宫中。唐中宗还专门为他的画像写了一篇《图赞》，由此可见道岸律师的地位。

智满法师早就看出鉴真是棵好苗子，如果让他一直待在这个寺院里，视野封锁在这高墙深院之内，对他的成长不利，所以他想把鉴真送到道岸律师那里学习戒律。有智满法师担保，道岸律师自然会认真考虑，经过几日的考察，道岸发现鉴真的参悟能力极强，就收下了这个徒弟。

智满法师长期定居在大云寺，摒除俗世尘扰以便潜心修行，而道岸律师则是走南闯北，以弘法为大业，智满法师喜静，道岸法师好动，鉴真在两位大师的教诲和熏陶之下，兼收两者之长，学业竿头直上。智满禅师是天台宗的高僧，鉴真起初修的是天台宗；而道岸是律宗大师。鉴真从此就开始接触律宗，成为一名南山弟子。

神龙元年（705），鉴真刚满十八岁，按照唐朝的受戒制度，受了沙弥戒的，必须要等到二十岁以后才能受比丘的仪轨和戒律，取得僧侣资格，此后还要发菩萨心行菩萨道，才能受菩萨戒。但是道岸法师破例给鉴真授了菩萨戒，这件事让鉴真声名鹊起。大乘佛教认为，凡是发菩提心、行菩萨道者都可以称之为菩萨。

景龙元年（707），道岸应诏入京，鉴真随师前往洛阳，不久又去长安，开始了他的游学生涯。

洛阳在唐高宗时被定为都城，称东都，繁华程度与扬州无异。洛阳的龙门石窟天下闻名，开凿于北魏孝文帝年间，造像十万余尊，碑刻两千多通。鉴真徘徊在诸多佛像之中，细细品味观摩，他从碑刻中了解了很多佛教的渊源，又从这些佛雕造像中细细把握匠人的笔意，仿佛能看到他们流转犀利的刀法，久而久之，鉴真自己也习得一手好雕艺。那时鉴真常常在卢舍那大佛前一站就是半天，被那尊佛像的无量慈悲所感动，冥冥之中仿若受到佛法的感召，这就更加坚定了他的向佛之心。就这样，鉴真在洛阳度过了一年。

景龙二年（708），鉴真离开洛阳西进长安。到了长安，鉴真看到那高耸的城墙，一重又一重的城门，国家的巍峨气度显露无遗。初唐四杰的骆宾王《帝京篇》写道："山河千里国，城阙九重门。不睹皇居壮，安知天子尊。"长安的城市设计非常先进，布局匀称，街道笔直，分人行道和马行道，以街道划分皇宫、衙署、住宅，非常明晰。白居易的《登观音台望城》写道："百千家似围棋局，十二街如种菜畦。"正是长安城布局的写照。

鉴真住进长安的实际寺（今西安西北大学校园内），隋朝薛国公长孙览之妻郑氏捐出自己的宅院，建成了这座寺。唐朝时曾经改名为温国寺、崇圣寺。它是唐长安最著名的佛寺之一，也是高僧云集之地。最著名的如三论宗的吉藏、净土宗的善导、怀恽等均在这里生活过。鉴真继承已故高僧的精神，在此继续埋头研习三藏。

道岸律师到长安后，奉命建造小雁塔，他知道鉴真有建筑设计的功底，在鉴真到达长安后就请他作为自己的助手，这样鉴真又住进了荐福寺。鉴真的建筑知识大多为理论，这次总算有机会将所学用于实践。小雁塔在僧匠的共同努力之下完工了，鉴真付出了很多，他现在已经成了一位真正的建筑师。

三个月之后，由道岸律师引介，鉴真见到了荆州玉泉寺的高僧弘景法师，道岸律师和弘景法师是同门师兄弟，他们同为律学大师文纲的弟子。道岸律师十分欣赏自己的徒弟，就想找一位得道高僧为鉴真授具足戒，早日了却鉴真的夙愿。弘景法师和鉴真一见如故，他又和鉴真谈了谈佛法，惊为异人。

景龙二年（708）三月二十八日，鉴真在长安实际寺从弘景法师受了具足戒，从此正式成为一名比丘僧。具足戒要严格遵守"三师七证"，当时在场的高僧包括：西京总持寺义威律师，西京荐福寺道岸律师，荆州洋溪寺俊律师，西京荐福寺大德礼律师、恒律师、志律师，西京荷恩寺法藏律师、园律师以及荆州玉泉寺弘景法师等十二人。所谓具足戒即戒条圆满具足，共有二百五十多条戒律，对僧人的日常修持和日常生活作了非常具体的规定。

弘景法师为鉴真授具足戒时已经是七十五岁高龄了，此后再没有为别人授过戒，这样鉴真成了他的关门弟子，弘景对其自然宠爱有加。接下来的一年，弘景几乎将其毕生所学悉心传授给鉴真。这一年中，鉴真不仅研习律宗，也接触到了很多天台宗的经论教义。这让鉴真的佛学背景更加丰富，他自由游弋在各种宗门之间，寻找自己的方向。

有一天，弘景法师把鉴真叫住："鉴真，你来，为师传授你一样东西。"鉴真走过去，只见师父从抽屉里取出一部《五明医学药典》，递到鉴真手里。鉴真说："师父，徒儿入门比师兄们都晚，学业也不及诸位师兄，实在受之有愧。"弘景说："为师看你有菩萨心肠，这本药典是从西域传来，甚是珍贵，你天资聪敏，为师送给你比较放心。你要好生研习，以后也可通过医术救人性命。"后来，鉴真还跟随弘景法师进皇宫向太医署里的人请教，精研药典，学成了一手好医术。

第二年，弘景法师就告老归山了，临行时唐中宗亲自赋诗送行，鉴真站在送行队伍中，目送老法师离去，实在难以割舍，但他相信佛缘，或许还可以和恩师再见一面。可是没想到，这次离别，竟是最后一面，弘景法师回到荆州之后不久就圆寂了，

有一天，弘景把鉴真叫住："你来，为师传授你一样东西。"

享年七十九岁。

数年之间，鉴真辗转于两京之间，向融济律师学习过道宣法师的《四分律行事钞》《羯磨疏》以及《量处轻重仪》等；从西京禅定寺义威律师处学习过《四分律疏》，还曾向许多律师虚心求教。

七年游学生涯中，鉴真遍访各大寺庙。在这高僧云集的两京，他不放弃每一个求学的机会，遍读经论典籍，如痴如醉。加上两京气象万千、人文荟萃，让他的胸襟和眼界着实开拓了不少。如今，鉴真已经成为一位精通律学、建筑、雕塑和医学的佛门饱学之士。

先天元年（712），唐玄宗李隆基继位，玄宗提倡道教，佛教暂时受到了压抑，一时间佛门中人心惶惶。

长安虽好，但是鉴真自知此处非久留之地。长安城是政治角逐的中心，也是风情万种的欲望之都，多少人汲汲于功名利禄，却死无葬身之地；多少人沉溺于烟花巷陌，在短暂的欢乐与永恒的痛苦之间徘徊，这些让鉴真更加看清了红尘不过是梦幻泡影。他决意要离开这个城市，回到故里扬州去实现他的弘法大业。

三、弘法江淮

　　唐玄宗开元元年（713），鉴真从长安经洛阳南归，回到家乡扬州。

　　鉴真这次回到扬州，心情与往昔不同。离扬时他还只是一个小沙弥，没见过什么大世面；这次归来，两京的繁华已经如过眼云烟，他内心积淀的佛学功底也更深厚了。他站在扬州的郊野，微风吹起袈裟，大概是夕阳太过明亮，他远眺的双眸微微有些合拢，眉心显现出一条竖纹，这一切让他显示出一种超越年龄的淡然和成熟。

　　鉴真初回扬州，入驻大云寺（后改称龙兴寺）。鉴真除了继续研究三藏之外，陆续有僧人找他受戒。他还应众僧邀请，登坛讲法。当时江淮一带盛行禅宗、天台宗、华严宗等，鉴真为了随顺众生的根基，一开始并不是单纯讲律学，仅在讲授禅宗、天台宗、华严宗的时候，穿插着讲些律学方面的教义，他不失时机地为众僧讲解律学的关键，这样一来，很多人逐渐对律学产生兴趣。加上鉴真本人有深厚的天台宗的基础，又善于融会贯通，所以尽管有人刁难，他也能从容应对，声望日益增长。

鉴真之所以这样做，就是为了不让人对律学产生抵触，尤其是当时禅宗十分兴盛，禅宗讲究顿悟，有时候会把戒律看得比较淡。所以如果强行传授律学，恐怕很多人还没有入门，就被吓走了，鉴真这样做实在有良苦用心。

有一天，鉴真的两位徒弟——扬州安国寺的道睿法师和明债法师前来，他们是鉴真在长安游学时收的徒弟。

明债法师问鉴真："师父，您在长安游学时，主要修的是律学，所接触的都是律学大师，如今游学归来，回到扬州传法，理当向僧众传授戒律才是。恕弟子鲁钝，不明白您为何主讲天台宗、华严宗、禅宗，对律学只是如蜻蜓点水一般浮掠而过？"

鉴真非常明白明债的心思，当初他千里迢迢从长安追随自己来到扬州，为的不就是要更深入地研习律法吗？然而到了扬州之后，反而不如在长安和洛阳时，再也听不到师父的律学讲座。

鉴真对两位徒弟说："佛教讲究三无漏学，戒、定、慧，佛教的所有法门都是由戒生定，由定生慧。时下的风气是人们对定力和慧力的崇拜，而忘却了戒律。但是，人都有慧根，如果他们理解了没有戒律的话，定、慧就像是空中楼阁，不可长久，便会学习律法。"

"可如果不系统讲律的话，其他人只会把律学看成是其他宗义的附庸。"明债很担忧。鉴真说："佛教的诸家义学只是从不同的角度去阐释佛法，宗旨都是为了弘扬佛法，因此我们不要把它们对立起来，而要看到它们相互弥合的地方。只要僧众一心崇信佛法，久而久之，自然会认识到律法的重要性。"

这时候道睿接话："现在有一种趋势，僧众只关注化教，而且理所当然地认为化教就是佛法的全部内涵，就算有一少部分人也看重制教，也不过是把制教简单地等同于戒律。这些认识片面狭隘，若不早纠正，恐怕根深蒂固之后，再难改变。"

鉴真听到这里微微一笑，语重心长地对两位弟子说："为师明白你们在想什么，你们是怕其他宗派羽翼丰满之后，没了我们律学的立足之地吧！你们太过忧心了！"

就在这时，一位新近皈依的弟子求见，鉴真让他进来。这个弟子眼睛里闪着机灵的光芒，一看就是有慧根之人。他叫思讬，二十岁左右，看起来非常年轻。思讬近来一直追随鉴真法师，鉴真法师去哪里讲法，他就跟到哪里，无论什么时候，他总是记个不停。他对大师所说的化教、制教的内在关系，特别是天台宗与制教的关系有非常多的疑虑。思讬与明债、道睿等人的疑惑不谋而合，于是几人就央求大师开坛讲律。鉴真一看既然年轻僧人的疑虑是一致的，那说明开坛讲律的时机已经到来。

过几天，鉴真打算开坛讲律的消息散播开来，

鉴真大师用寥寥几句话，就点出了佛法的精要之处，令众人叹服。

很多僧人慕名前来。扬州龙兴寺搭建起来一个高台，两侧幡幢飘扬。附近善男信女云集法堂，静待鉴真大师开始新一轮的讲经。人们听说大师从今日起要宣讲制教和律法，然而很多人竟不知制教为何物，听说过的也多是一知半解，大家被好奇心驱使着，都想来一听究竟。

钟鼓齐鸣之后，响起一阵悠扬清亮的梵乐，鉴真大师缓缓登上法堂正中的法座，其他法师也纷纷入座。大师首先向佛双手合十叩拜，然后又向众僧致礼，众人纷纷双手合十回礼。

鉴真大师用手示意一下，众人的喧哗声即刻停止了。大师讲道："我佛如来因机设教，让众生戒定兼持，福慧并修。既不作诸恶，又奉行众善，这样的人才可修成正定，定能生慧，慧又能反过来促进善的积累与恶的禁绝。佛法如海，无不圆融一体。"

鉴真大师用寥寥几句话就点出了佛法的精要之处，令众人叹服。鉴真抬头望了望座下的听众，感觉大家已经理解了佛法的圆融一体，于是他又开口补充道："诸恶莫作，众善奉行，合成一个字，那就是'戒'字，这正是佛法律学的核心。如果说教化众生使其发生禅定及智慧的教法为化教，那么教诫众生而对其行为加以制御的教法，则可称之为制教。"

鉴真很自然地引出了制教，大家就非常容易理解。鉴真接着讲道："制教将戒分为戒法、戒体、戒行、戒相四科。"

鉴真所讲的这些，正是其授业恩师一系所传律学的基本体系。为防止听众对这个新的概念产生疑惑，鉴真又进一步解释说："戒乃一切善法之大本，同时亦是悟宇宙真理之妙行。所以我们可以说，戒行就是真理的具体表现，而行戒是最无谬的修道方法。各宗各派虽然各有修持法门，但戒律却是一切修行的基础。"

鉴真深入浅出的演讲，将一个本来十分枯燥的问题表现得生动活泼，具体实在，所以，他的说法始终紧紧地吸引着听众。第一次讲律获得了巨大成功！

此后，鉴真每天在龙兴寺登坛讲律，循序渐进，把听众逐渐引向广阔的律学宝库。正因为鉴真讲律十分注重僧众的接受程度，所以他把艰涩的律学讲得活灵活现，前来听律的人也越来越多。

就在登坛讲律的过程中，鉴真座下逐渐汇集了一批高徒。这些徒弟出类拔萃，领悟力颇高，最后也都成为名重江淮的名僧，包括祥彦、思托、道金、璿光、希瑜、法进、乾印、神邑、法藏、志恩、灵佑、明烈、明债、璿真、惠琮、法云等等。这些人并为翘楚，学成之后分散在全国各个地方，弘法于世，引导化育众生。

鉴真之所以能教出这么多高徒来，是因为他深深理解戒律在整个修行中的关键作用。修行乃是因戒生定，没有戒律，就好比造房子不打好根基，房子就会倾塌下来。因此，鉴真的徒弟们日常行为恪守戒律，基础牢固，对修行起了关键性的作用。这就是修行的不二法门。

唐开元五年（717），鉴真的另外一位师父道岸律师圆寂了。道岸律师一生致力于弘法大业，授过戒的徒弟不计其数，四百多州的僧人都趋之若鹜。如今师父坐化西去，鉴真回忆起和师父同游两京，一起在夜灯下研讨佛法、一起建造小雁塔的情形，心里的悲伤难以抑制。

道岸法师圆寂之后，他的另外一位居住在杭州的弟子义威律师声名鹊起，德行被八方颂扬。他继承了道岸律师的衣钵，也是一位得道高僧，附近州府的僧人都找他授戒。可是这位义威律师也是天年有限，于开元廿一年（733）圆寂，那年鉴真和尚四十六岁。

由于两位传戒大师相继逝去，鉴真和尚成为淮南江左一带修持戒律的僧人中最出众优秀的一位，僧众多慕名前来受戒，可谓道俗归心。鉴真法师成为宗首，外秉威仪，内求奥理，被奉为一代传戒大师。

鉴真从长安返回扬州那年是二十六岁，那时已经开始讲授《律钞》，三十一岁时候开始讲《南山钞》和《轻重仪》，四十岁开始讲《羯磨疏》。由此可见，鉴真当时所传授的律法是十分系统的。他起先在龙兴寺讲法，后来移居大明寺，一时间大明寺成为江淮地区的佛法中心。鉴真前后授戒之人，略计四万有余。

讲授之余，他还率领众僧人建造了许多佛寺，总计八十余座。他又差人缝做衲袈裟千领，布袈裟两千余领，供养五台山的僧人。他还开设了无遮大会，供养一切沙门和贫苦百姓、孤寡老人、乞丐等，鉴真在当地百姓心目中就像是活菩萨。

鉴真在扬州度过了平静的三十年，这三十年当中，鉴真致力于授戒、讲法、建塔、塑佛、开田、抄经、治病、布施，立下了无量的功德。直到天宝元年（742），那年鉴真五十五岁，几位远道而来的日本僧人突然造访，打破了他平静的生活。

四、寻访律师

从公元七世纪到九世纪，日本先后派出多次遣唐使团，规模一次比一次大，人数一次比一次多，学习的内容包括政治、经济、文化、建筑等等。由此，中日历史上第一次文化交流高潮诞生了。

日本圣武天皇天平五年（733），日本朝廷派出以多治比广成大使、中臣名代副使为代表的第九次遣唐使团。这次出使最重要的任务是派遣留学生和留学僧到中国学习。

遣唐使出发之前，舍人亲王召见日本名僧隆尊和尚，隆尊是日本僧界的翘楚，非常具有号召力。舍人亲王对隆尊和尚说："日本虽然想以佛教治理天下，可是目前僧尼行仪堕落，纪律废弛，已经是病入膏肓。如果以佛教的律法和仪轨来整治，是不是可以彻底扭转现在的局面呢？"

隆尊和尚回答说："亲王说得对，日本佛教的混乱，都是由于'私度'造成的。按照佛教的戒律来说，成为比丘和比丘尼都必须受具足戒，否则就不能成为真正的僧侣。"

舍人亲王又问："那么什么是具足戒呢？"

隆尊和尚答道："所谓具足戒，就是按照教规，僧侣在受戒的时候，戒坛中要有'三师七证'。可是我们日本现在没有精通戒律的高僧，也就没有人能够成为授戒大师。"

舍人亲王听到这里，立即问："那能不能从大唐请一位呢？"

隆尊和尚回答："日本要想尽快建立受戒制度，就应当派人到大唐去邀请一位精通戒律的高僧，前来日本设坛授戒。"

舍人亲王连连点头称是，随后他正色道："最近朝廷将要再派一次遣唐使团，这是第九次官方使团出访大唐。现在请大师推荐几位合适的僧人，随着遣唐使团一起去大唐，让他们延请高僧前来日本传法。"

隆尊和尚大喜道："请亲王放心，贫僧定会认真挑选人才，请他们出访大唐，一定不辱使命！"

隆尊本人虽然是元兴寺的高僧，但他不拘一格，选中的却是大安寺的荣叡和兴福寺的普照。这两位都是青年一辈僧人中的佼佼者，不仅才华横溢，而且德行高尚。荣叡矮小体弱，看起来有点邋遢，普照身材则比较魁梧。

隆尊前来大安寺说明来由，荣叡听了之后大喜："我能被选为留学僧，实乃前世造化，感到十分荣幸。我愿意赴唐学习，以报效国家的恩德。"

而坐在一旁的普照却略有所思，没有表态。隆尊便说："怎么，普照法师不愿意去吗？"普照说："我非常乐意去，只是不知道要去大唐修习佛教的哪一宗哪一派呢？为什么一定要冒险远渡重洋，我日本国难道不可以求法吗？"

隆尊语重心长地说："大唐佛法之所以兴盛，根本在于大唐佛教律法森严，章法齐备，所以高僧辈出，一代受戒于另一代，福荫后世，连绵不绝。"

普照点点头。隆尊和尚继续说道："你们此去不仅是学习，还要从大唐礼聘一位德高望重、学识渊博的传戒大师来日本传戒讲律。这件事关系到我国国运，干系十分重大，万望二位谨记于心！"

荣叡和普照这才看出隆尊和尚的良苦用心，顿觉肩上的担子重了很多。

隆尊和尚又说："你们这次前去，要等到下次遣唐使的船才能归国，大概需要五六年的时间，也许会饱受流离思乡之苦，你们可要做好心理准备。如果觉得困难的话，开船之前可以随时退出。"

荣叡和普照都吃了一惊，不曾想到要这么久。别了隆尊和尚，走到花园里，荣叡对普照说："这一使命值得我们冒死前去。你认为呢？"普照说："我也认为值得去。"

荣叡和普照答应了隆尊和尚的嘱托，可他们未曾想到，此去中国，就好比是唐僧西天取经，要历经那么多劫难！

多治比广成作为代表的遣唐使团到达苏州之后，苏州刺史钱惟正上奏朝廷，朝廷允许他们从汴州登陆，由陆路朝洛阳进发，因为当时玄宗住在洛阳的行宫。见了玄宗，敬上贡品之后，各位使臣就各自忙碌去了。

两位僧人来到洛阳之后，这里的繁华让他们大开眼界，车马川流不息，商铺琳琅满目，这让他们深深感受到自己的国都奈良是那么落后。普照比较博学，他得知著有《饰宗义记》的定宾法师在洛阳的大福先寺，就申请入驻大福先寺。

在这期间，尤其令两位僧人感到震惊的是：中国的僧人要想取得正式僧侣的资格，必须经过严格的"三师七证"。他们亲自观看了整个受戒过程，那场景之庄严神圣，是他们以前绝对不能想象的。大唐的僧侣都要秉持严格的戒律，只有持戒才是入道的正规途径，如果不持戒，其他僧人就会不屑与之为伍。

当他们亲身经历了这一切，才发现原来自己的国家真的没有合格的传戒之人。

这天普照见了荣叡说："来之前只是听说大唐的繁华，百闻不如一见，幸好来了，这才有了切身的体会。"

两位僧人来到洛阳之后，这里的繁华让他们大开眼界。

荣叡说："是呀，大唐虽然繁华，可是日本毕竟是我们的母国，你可不要忘了我们的使命。"

普照说："我近来听寺院里的师父说，道璿法师德行高尚，你觉得聘请他为传戒大师如何？"

荣叡说："我也听说道璿法师很有名望，但他毕竟只有三十多岁，与一流的传戒大师还有一定的差距。"

普照说："道璿虽然年轻，但也熟悉律学，而且精研天台宗和华严宗。更何况一流的高僧都年纪很大了，根本就经不起折腾，哪能那么容易请得动？"

荣叡说："就是不知道道璿法师愿不愿意去？"

普照说："我和道璿谈过几次，或许可去试试。"

荣叡说："道璿法师是年轻一辈的佼佼者，他要是肯去日本，那对我国来说是福音。"

三四天后普照来找荣叡，脸上洋溢着喜悦说："我已经初步和道璿法师谈过了，他有这方面的意愿。"

后来荣叡和普照多次邀请道璿法师东渡，道璿法师十分乐意，他说："贫僧以弘法为业，既然两位远道而来诚意邀请，岂有不去的道理？"道璿法师虽然年轻，但其修为已非一般人能比，他愿意放下自己的声名，去一个陌生的地方传法，这让荣叡和普照既敬佩，又感激。

道璿法师在三十四岁那年搭上遣唐使的船只到达日本，被奉为律师，然而道璿并没有授戒成功，因为日本僧人中反对授戒的势力仍然很大，道璿只能讲《律藏行事钞》，传播了天台宗和华严宗，后来日本的华严宗兴起，道璿被尊为日本华严宗的始祖。

唐开元二十五年（737），唐玄宗由洛阳返回长安，荣叡、普照等人在阿倍仲麻吕的帮助下，也进了长安。此后，他们被安置在安国寺、崇福寺、荷恩寺继续学习。

荣叡、普照从来不敢忘记隆尊和尚临行前的嘱托，他们一面学习，一面继续寻找高僧。长安作为京畿之地，不乏高僧大德，然而当时的日本在大唐眼中还是尚未开化的蛮荒之地，更何况有怒涛汹涌的大海阻隔着，一般的僧人都不愿意冒这个险。幸好他们在大唐结交了很多朋友，包括长安僧人澄观、洛阳僧人德清、高丽僧人如海，这些僧人听说了普照和荣叡的打算，纷纷表示愿意东渡。

时间如白驹过隙，忽然而已。岁月已经将他们的棱角磨去，如今他们在唐朝的土地上已经生活了十年，邀请高僧东渡简直变成了一个梦。就在灰心丧气的时候，他们认识了安国寺的道航。

道航何许人也？他有两个身份，第一他是扬州高僧鉴真的徒弟，鉴真法师在长安游学时，道航拜鉴真为师；第二他是李林宗的家僧，而李林宗是当朝宰相李林甫的哥哥。

道航听了两位日本僧人的忧虑，就说："你们只把眼界放在洛阳和长安之间，殊不知江淮一带有位高僧，法名鉴真，是那一带的宗首，江淮的僧人几乎都愿意找他授戒，他授过戒的僧人达四五万之多。"

荣叡听了，激动地说："真有这样的大师吗？可惜我们无觐见之门呀！"

道航听后笑了笑，说道："实不相瞒，这位鉴真法师正是在下的授业恩师。"

普照说："如此看来，鉴真法师真是传戒授律的不二人选。只是我还有另外一个忧虑。唐朝明令不得私自出海，我们有心还国，可是下一次遣唐使船何时才能来，连我们自己也都不知道。我们不仅需要一艘船，也需要一张通行证。"

道航听了说："莫要着急，我与李林宗大人商量一下，说不定他有主意。他是一位虔诚的佛教徒，应该会乐于成就此事。"

道航向李林宗说了之后，李林宗觉得传扬佛法是好事情，便有心成就此美事。

道航说："如果能得到朝廷的允许和支持，那么东渡将会顺利许多。不知道能不能烦劳大人向宰相陈述此事？"

李林宗就去找李林甫斡旋此事。李林甫听后就对李林宗说："这事情说难也难，说容易也容易。难在我不便出面，这事应该是日本国奏请朝廷，他们不发官方邀请，我也无能为力。可我倒有个容易的办法，你们不需要启奏皇上，就让法师自行前往日本传法，若有什么困难，你们私下里通融一下就可以了。"

听了李林宗的回复，道航说："现在最重要的问题是没有渡海的船只。"

李林宗立刻想到了自己的侄儿，他说："我有一个侄儿叫李凑，现在任扬州仓曹。待我手书一封，让他帮你解决船只问题。"

道航说："这样就再好不过了。还有一件事，希望大人再给我们开一张去往天台山国清寺朝圣的证明，万一中途又生枝节，我们就可以说是去天台山朝圣礼佛，因为陆路不通所以才改走水道。这样只要我们上了船，如果顺风顺水，就直奔日本；如果天公不作美，这张证明也可以保证我们有容身之地。李大人的恩德贫僧会谨记于心的。"

李林宗说："法师言重了，我事佛半生，如今也算有机会为光大我佛做点贡献，为自己积些功德！"

道航把李林宗的主意告诉了荣叡和普照，两人激动不已，十年前初到唐朝，一切是那么新奇，如今思乡之情一日比一日重，好在总算看到了一缕曙光。

荣叡、普照他们连同认识的几位朋友道航、澄观、德清和如海，于天宝元年（742）十月同下扬州，当时正是桂花开放的季节，扬州到处弥漫着花香。几位僧人一到扬州，一面持李林宗的手书去找扬州仓曹李凑打造船只，一面急急前往大明寺拜见鉴真法师。

五、小人作祟

天宝元年（742），鉴真法师正在大明寺讲律，道航、荣叡、普照一行人来到大明寺，准备邀请鉴真法师东渡传法。

此时鉴真正在讲律，荣叡、普照等几位僧人不敢贸然打搅，立在殿外等候。那是荣叡和普照第一次听鉴真法师讲律，深深地被他的仪容、姿态和语气所感染。普照等人研究了十年的佛经，听过不少大师的讲堂，但都不如鉴真这一个堂的收获，真可谓是拨云见日，醍醐灌顶。

讲律完毕，道航领着普照一行觐见鉴真法师。荣叡等人向鉴真法师行礼之后说："自从佛法东传日本，虽然有法，却无传法之人。日本国以前有一位圣德太子曾经预言，两百年后，圣教必然在日本兴盛。如今正好过了两百年，我们想请法师东渡日本化育众生。"

鉴真一直致力于在淮扬之间大力弘法，从未想过要去大洋彼岸。如今这两位漂洋过海、不畏艰险的日本僧人发出这样的邀请，鉴真开始被他们的赤诚所打动。

鉴真法师就对在座的弟子说："我以前听闻南岳禅师迁化之后，托生为倭国的王子，致力于兴隆佛法，济度众生。我还听说倭国的长屋王子也是非常崇仰佛法，曾经制作了一千领袈裟，每一件袈裟上都绣着四句话'山川异域，风月同天，寄诸佛子，共结来缘'，布施给我国的僧人。由此可见，日本也是佛法兴隆之国。在座诸位法众，有谁愿意答应这几位僧友的邀请，去往日本传扬佛法？"

鉴真说完，众弟子都默不作声。

这时候祥彦见其他人不说话，自己作为首席弟子，理应表态，便大着胆子说："日本国离我们太远，隔着浩渺的海洋，人到了海洋，就像蚂蚁掉进了水缸，只能听天由命。一百个人渡海，也就一两人能侥幸到达彼岸。"

祥彦说得一点都没错，那个时候，人们对海文的认识还处于低级水平，造船工艺也不够高，海洋航船凶多吉少，这也是朝廷为什么严格控制出海的一个原因。

鉴真觉察到弟子的畏难情绪，就说："我们此去是为了传法大业，自己的性命又算得了什么呢？如果你们都不去的话，我一个人去也无妨！"

鉴真只要打定了主意，就像磐石生根，再也不会更改。他又问一遍："日本僧众诚意来邀请，你们有谁愿意东渡传法？"他正襟危坐，等待着众弟子的回音。

祥彦为恩师的性命考虑，却被师父严词相驳，现在脸涨得通红，只能把头低下去。师父已年过半百，依然有渡海传法的决心，将生死置之度外，而自己的境界还停留在肉身层面，枉费了师父的悉心栽培。

在所有弟子当中，祥彦最能体谅师父，他抬起头来说道："是弟子不对，弟子不应该太过吝惜自己的性命，师父您教训的是。"

在座的其他弟子也被师父的弘法决心所打动，就想听听师父进一步的打算。鉴真便让弟子们凑得更近一些，都坐到他的身边来，二十多位弟子围坐在鉴真身边。

鉴真说："我不入地狱，谁入地狱。我知道东渡凶多吉少，但是为了弘扬佛法、造福苍生，还有什么好顾忌的呢？我知道大家为我的性命忧虑，我想大可不必，如果佛祖看到我弘法的决心，应该会保佑我的。你们就放心让我前去吧！"

这时候，祥彦赶忙说："师父，我愿意跟随您一同前去，让我一路侍奉您老人家。"其他弟子也都应声说："师父，我去，我也去！"一声接着一声，一声盖过一声。

鉴真挥了挥手："好，那你们就和为师一起渡海，合我师徒之力，一定能够功德圆满。"

这时候，灯油似乎快要燃烧殆尽了，灯的火焰没有了约束，反倒冲了起来，达到了最亮的程度，整个宝殿像白天一样。

鉴真看到在座弟子都有志于弘法，深感欣慰。他仔细观瞧着每一个弟子的脸庞。这些弟子平日里全心全意事佛，早做经忏、晚颂佛号，鉴真是看在眼里，喜在心里。鉴真数了数，道兴、道航、神崇、忍灵、曜粲、明烈、道默、道因、法藏、法载、昙静、道翼、幽岩、如海、澄观、德清、思託等，总共是二十一人。

决心已定，忧虑反而转到鉴真自己身上来了，能不能把这些弟子和留学僧安全带到日本，他心里没有把握。

日本僧人荣叡和普照也深深被鉴真师徒的情谊所感动，更令他们欣喜的是，他们千辛万苦历经十年寻访的高僧，如今总算找到了。

鉴真自从答应了荣叡和普照的东渡邀请之后，深知渡海绝非一件简单的事情，一定要考虑周到，不要出任何差错才行。

时下朝廷明令不得私自出海，违令者严惩不贷。所以鉴真吩咐座下弟子分别入驻既济寺、开元寺和大明寺，这三个寺都在扬州城外，相对来说人迹稀疏。为此，鉴真还专门从大明寺搬到了既济寺，把这里作为中心地点，方便联系各院弟子。

为了打造海船，鉴真可真是想尽了办法。寺院虽有财力，但根本就不具备造船的技术和工匠。这天，道航看见师父忧心忡忡，还不等师父开口说话，便卖关子说："我有良药可以治疗师父的忧虑。"鉴真说："你知道师父为何事所忧？"道航说："一苇渡江，这个世上也就达摩一人吧！"鉴真就问："海船的事情，你有什么好办法吗？"道航便向师父仔细说明了事情的原委。

鉴真听了道航的计划后，心情如拨云见日，紧锁的愁眉也开了。"哦，原来是李林宗大人行的方便。这样为师就放心了！"

过了几天，鉴真专程前往李凑那里拜谢。果然，只见东河已经是造船的热闹景象。码头之上工匠们络绎不绝，一片忙碌的景象。工匠师傅们裸露着肩膀，汗水流遍古铜色的身体，在阳光下泛着光。他们锯木头的锯木头、铆钉的铆钉、打桩的打桩、抡锤的抡锤，忙得不亦乐乎。鉴真向辛苦的师傅们深鞠一躬，工匠师傅们也赶快回礼。

这时李凑正好过来："大师大驾光临，下官没有远迎，真是失敬失敬呀，望大师海涵！"鉴真赶忙躬身作揖："李施主菩萨心肠，为我们师徒打造海船，这份恩德，老僧定当铭记于心！"

李凑赶忙将鉴真扶起道："我怎么担当得起！大师您折煞下官了。大师是江淮的一代高僧，听了您的名字，谁不生三分敬畏。我只是一个小小的官员，能为大师弘法之事稍尽绵薄之力，实在是三生有幸。况且有叔伯的书信在这里，我哪能怠慢呢？"

鉴真说："不管怎样，还是要感谢施主。不知道这条船什么时候能造成呢？"

李凑说："我全力督造，明年开春一定造好，到时候东河口上，就有海船停靠。"鉴真再三称谢，关于海船的事情鉴真总算放心了。

鉴真一再嘱咐道航等人："我们是去传法，经书和法物务必妥善保护，最好能用木箱封闭起来，这样可以保证经书不被浸湿。至于其他身外之物，能少带一点就少带一点，过多的行李就是累赘。"道航等人一一答应，回去便去准备渡海的物资了。他们准备了很多粮食，对外就说是要去天台山的国清寺朝拜，供养众僧。

转眼半年过去了，春暖花开，人的心情也变得愉悦起来。鉴真等人兴奋异常，因为东渡之事已经基本准备妥当，现在只需要等待一场风，就可以扬帆出海了。

这年是天宝二年（743），当时海贼在台州、温州、明州一带非常猖獗，海路被他们堵塞，公船和私船都不得通行。所以虽然船已经造好了，却出不了海，只能暂时等候。

正所谓迟则生变，就在这个时候，发生了一场无谓的口舌之争。这天道航和荣叡、普照他们聊天，道航说："我们此去日本是为了传戒受法，我看了一下，其他僧人都是一等一的高僧，只有高丽僧人如海不怎么样，品学低劣，我真觉得不该带他去。"

道航和如海的关系一般，可荣叡、普照和如海的交情还不错，所以他们只是微笑，并没有回答。

可是，隔墙有耳，那天他们所说的话被如海听了去，如海一声不吭地离开了。

如海走在路上，心里非常嗔恨，气得直跺脚，他想去找道航理论，可自己毕竟是客人。正当他捶胸顿足之时，忽然心生一念，于是直向采访厅走去。如海到了采访厅，对采访使大人说："大人您知道吗，有一个叫道航的僧人，伙同别人私自造船，想与海盗勾结，具体人数我不太清楚，但是他们已经置办好了大批粮食，分别在既济寺、开元寺和大明寺存着，到时候他们会连同五百多名海贼杀到扬州城里来。"

时任淮南采访使（唐朝时分十五道，每道专设一人监察州县官吏，为道采访处置使，简称采访使）的人叫班景倩，此人向来谨慎，他听到这个消息大惊失色，五百名海贼，那可不是个小数目，所以他马上命令一干官差去各个寺庙捉拿贼徒。班景倩吩咐完之后，又觉得此中有疑，不能仅凭如海的片面之词就下定论，所以又命人先把如海收监，等以后查清事实再做定论不迟。如海在牢里懊恼不已。

这天夜里，寺院里突然闯进一批官吏，他们一手举着火把，一手提着杀威棒，翻箱倒柜，把僧众准备的粮食、衣料等全部搜了出来。普照等人都被从被窝里面拉了出来，衣服都没穿好就带走了。荣叡比较机警，一听外面的动静不对，马上从侧窗溜

如海对采访使大人说："您知道吗，有僧人与海盗勾结。"

出，可是四面八方都是官兵。他跑到一个院子里，发现前有堵截，后有追兵，眼见旁边有个水槽，不及多想，立即横卧在水槽中。荣叡憋足了一口气，忍了不知多久，最终还是被官兵发现，同几个僧人一并押到县衙。

道航比较幸运，事发当晚正在一个百姓家里做法事。听到消息后，他觉得不能置其他人于不顾，无论如何都应去趟衙门，至不济也要把日本僧人替换出来。

班景倩一看道航主动送上门来，省了不少搜查的功夫，说："来人，把道航等人押进来听审！"道航被视为此次事件的主谋，如海非常恨他，点名道姓说他是勾结海贼的主谋。

班景倩问："说，你们到底与多少海贼勾结？你们是怎样联络的？"

道航一听，丈二和尚摸不着头脑，原来不是问他们私渡日本的事情，而是说他们与海贼勾结。

道航说："回大人，小僧从未和海贼私通，请大人明察！"

班景倩又问："那你为什么躲藏？"

道航说："小僧并未躲藏。那天有人病逝，家人请小僧超度，小僧在那里做了两天法事。"

班景倩指着荣叡问道："你当夜为什么躲进水槽里？不做亏心事，不怕鬼敲门。"

荣叡结结巴巴地说："那天晚上天黑，小僧还以为强盗来打劫。"

班景倩又提高声音问："还敢狡辩？！本官从三个寺院里搜出粮食三十石，还从东河上截获一条船，你们囤积这么多粮食干什么，打造船只又意欲何为？"

道航不紧不慢地说："大人有所不知，小僧本是当朝宰相李林甫家兄李林宗的家僧。"

班景倩打断了他的话："你以为把宰相搬出来我就不敢动你吗？"

道航说："大人，小僧不敢，且听小僧把话说完。小僧造船屯粮，只是为了去天台山的国清寺朝圣，粮食是为了供养那里的僧众。大人若不信的话，可以请仓曹所李凑大人前来作证，他那里有李林宗大人亲笔写的手书。"

班景倩将信将疑，传唤仓曹李凑。

李凑见了班景倩，施礼之后起身说："回大人，船只的确是我家叔伯李林宗大人命我打造，以方便道航等僧人前去天台山朝圣，这里有李林宗大人的手书可以作证。"

手下把手书呈了上去，班景倩反复看了几遍，面色终于和缓下来。对他来说，没有海贼就好，其他都是小事。

班景倩向道航说："法师，这一切都是误会，怪就怪高丽僧如海诬告。现在沿海一带海贼猖獗，所以众位法师暂时就不要过海了。"道航等人这才知道原来是如海诬告。

班景倩说："来人，把如海押出来！"如海被押到公堂之上，所有的僧人对他都不屑一顾，唯有普照对他心生怜悯。人非圣贤，孰能无过！

"如海，你无故诬告，害得本堂出动官兵，耗费了不少粮饷，你可知罪？"

如海无话可说，按律当处以反坐之罪，班景倩命人杖责六十，并且削去如海的僧籍，令其还俗，并遣返高丽。如海求佛弘法不成，反倒连僧人也没得做，真是一时嗔恨致陷不堪之境。

班景倩没收了他们的船只，但是僧人们所囤积的杂物都被悉数送还。至于那几个日本僧人，虽然无罪，但也不能当场释放。

扬州府上奏至京城的鸿胪寺，这样的案子一般由鸿胪寺的鸿胪检案受理。鸿胪检案详细地核查了他们的身份，几个僧人都登记在册。鸿胪寺根据大福先寺的报告，给扬州下了敕文："荣叡、普照等僧人既然是蕃僧，来到我朝求学，每一年都会赐给绢布二十五匹，每个季节都会发给衣料，他们都曾经随过大驾，因此他们不是一般的滥竽充数的僧人。可以根据他们的意愿放还，按照扬州的律例遣送。"

荣叡、普照等人四月被关进去，八月才放出来。其中的辛苦自不必多说。然而荣叡和普照心有不甘，不能这么轻易放弃请僧的初愿。

这天荣叡对普照说："我们两人这十年来，就是为了请一位得道高僧去日本传法。现在扬州的敕令下来，要遣送我们回国。这样我们十年的心血岂不是白费了。我们继续请鉴真师父东渡，你看怎么样？"

普照说："不请到法师，我宁愿老死在唐土。只是我们船只没了，出海的许可也拿不到，接下来不知道鉴真法师还愿不愿意去？"

两人在驿馆中有官兵看着。他们趁官兵不注意，从后墙越出，来到鉴真所在的既济寺。

荣叡说："师父，恳请您与我们同渡，为我国传法。您去之后定能驱散黑暗，为我法众指引明路！"

鉴真法师说："二位贤僧快快请起，前些日子你们遭人诬告，受牢狱之苦，老僧一直挂念，如今安然无恙最好不过。"

鉴真法师顿了一顿，接着说："你们放心吧，我东渡的心愿不改。好事多磨，第一次东渡不成，是因缘未到，只要有适当的机会，我们还可以再次东渡。"

荣叡和普照听了鉴真法师的答复，感动不已。当夜鉴真命人收拾好房间，把荣叡和普照安顿下来，以躲避官差。

第二天，道航前来向鉴真法师告辞。原来道航自从受了挫折之后，东渡的热情消散。他以身体不适为由，整理行装回长安去了。鉴真并不阻拦，每个人都有自己的路，没有必要强求，鉴真对弟子一向是十分宽容的。

六、困守荒岛

　　扬州地处中国南北交界处，一年雪，一年晴，由南与北冷暖气流的强弱而定。这年冬季扬州大雪，人们几乎都不愿意出门，东渡之事也没什么进展。鉴真看着这场雪感叹说："好雪啊，看来东渡之事有望。"鉴真的精气神感染了徒弟们。

　　这年冬天，鉴真花了八十贯钱秘密买了岭南道采访使刘巨鳞的一只军船。鉴真并不知道，刘巨鳞卖给他的船已经服役多年，船的底板很多地方都开始漏水，这船早就该拆除或者整修，刘巨鳞只是命人把船稍微装饰了一下。大和上又不懂船，没有看出破绽。

　　鉴真雇了水手十八名，准备了粮食，准备第二次东渡。鉴真在江淮一带独为化主，他的名望很大，只要他发出募集的号召，很多僧众和俗家弟子都会前来供养，还有很多富商出手尤其阔绰。

这次愿意跟随鉴真东渡的有他的高徒祥彦、道兴和思讬等，加上日本僧人荣叡、普照等，共有僧众十七人。鉴真即将东渡的消息不胫而走，很多玉雕家、画师、刺绣工、刻碑工等也都愿意跟随大和上前去，好在消息没有传到官府那里。

最终居然有一百八十五人，所有人聚集在码头上，真是一支浩浩荡荡的队伍。

天宝二年（743）十二月，这条船扬起风帆，从长江一路东下。船上许多人是第一次出海，看到浩瀚的大海，难免兴奋。只有为数不多的老水手表现得很镇定，保持着如临大敌的警惕。

船行到狼山口时，起初还风平浪静，看不出有什么异象，只是天色越来越阴沉。忽然来了一阵邪风，刮得桅杆晃晃悠悠，人都站不稳。邪风过后，海面又恢复平静，而且静得出奇。这阵风就像是一个下马威，把所有人的兴奋都吹没了。

夜幕降临，月亮升了起来，可今天的月亮一点都不可爱，乌云遮住了它本应有的皎洁，使它变成了红色。船上的人不自觉地靠在一起，仿佛只有感触到彼此的存在才能抵抗恐惧。

就在这时，狂风骤起，瞬间就扯破了船帆，整艘船只能随风摇摆，再也没有自主之力。被狂风掀起的白浪像山体崩塌一样砸中大船。本指望着这条军船还能多撑一会儿，没想到一遇到风浪，立即现出原形。那陈年旧板很快就被打出窟窿，船底直往上冒水，不一会儿船舱就被灌满了。

舱里的水手都被逼了上来，鉴真也在祥彦等人的搀扶下从船舱出来，看到这恶浪丝毫没有减弱的趋势。最终，船被风浪送到一片沼泽地。

一般来讲，冬季的海风相对其他季节较弱，这正是鉴真他们选择隆冬渡海的原因。弟子们见师父泡在水中，担心他的身体受不了。他们就撅下了附近的芦苇，编成一个浮子，让师父坐在上面，其余的人围在师父身边，站在没踝的水里。要知道这可是寒冬腊月，寒冷渗进骨头里，荣叡、祥彦等人都因此落下病根。

第二天上午，风总算停了，大家重新回到船上，把被打湿的衣服拧干再穿上，把舱里的水舀出来，窟窿堵上。粮食被毁了一大半，经书也废了。大家想着能活下去就不错了，根本就不再想东渡之事。

他们本欲到大坂山停下来，可眼睁睁看着大坂山，船却到不了那里，因为风浪实在太大，可望而不可即。只好顺着风浪，到了下屿山。船一靠岸，大家仿佛死里逃生，都躺在滩涂上，踏实的感觉真好。大屿山由两座岛屿组成，两岛呈八字形相对，进了八字口里面，风平浪静。这几日的遭遇让大家元气大伤，鉴真带着大家在这个岛上修整了一个月。

岛上的物产毕竟有限，一行人把能采的野果都采光了，能吃的东西也吃得差不多了，再等下去也不是办法，于是整装待发。

他们希望能等到合适的风飘到乘名山。乘名山是衢山列岛之一，位于中国最东端，是中日交流的要冲地带。然而天公不作美，一直没等到合适的风。在每座岛屿的近岸都会有一个波浪带，就是海风将波浪吹到岸上，岸又将其弹回，这样两股浪撞在一起，便形成了波浪带，威力不可小觑。倘若能冲过波浪带，就可以靠岸，但鉴真他们的船没有帆，人力也不够，若在波浪带逗留太久，恐怕要被打沉。大家只好放弃靠岸。

他们顺着波浪，没想到进入了一片暗礁。现在船根本不听使唤，像被海风戏弄一样，一次次推进去又卷回来，眼看着要撞在石头上，船偏退了出来，大家刚松一口气，风又推着它撞向大石，如此反复几次，大家被折磨得心力交瘁。最后，该发生的还是发生了，只听见咔嚓一声巨响，石头将船体一分为二，彻底散架了。思託打了个趔趄，幸好船上的人没有发生什么意外。现在大家只能弃船上岸，这是一片荒岛，除了礁石，还是礁石。

众人在礁石上歇息了一个晚上，第二天清晨，大家还没有清醒的时候，突然有人大喊："不好了，不好了，粮食被卷走了！"这几日大家都是神经紧绷，连睡觉的时候也不能放松。这么一喊，所有的人都清醒过来了，眼看着装粮的船舱被海水卷走，越卷越远。

他们所在的礁石前面是海，后面是崖，活动的余地非常狭窄，现在粮食也没了，船也没了，只能听天由命。海面特别平静，与前些天形成强烈的对比，像是在嘲笑这群人。他们随身带的水也差不多喝完了，所剩不多的米熬成粥，一人分不到三分之一碗。他们把一大碗粥拿到鉴真面前，鉴真说："还是分给其他人吧，老僧还不饿。"僧人们大多盘腿而坐，闭目养神。

第三天晚上，海风肆虐，吹在礁石上，发出的声音像鬼啸，风越大，那声音就越刺耳，大家人心惶惶。鉴真看大家都被恐惧裹挟，如果心理防线被摧毁，就再也没有坚持下去的勇气了。于是鉴真高颂一声："南无阿弥陀佛！"听了这一声高颂，大家全都安静下来。鉴真说："来来来，大家同我一起念，南无阿弥陀佛！"大家就跟着念："南无阿弥陀佛！"

"南无阿弥陀佛！"

"南无阿弥陀佛！"

声音越来越嘹亮，一百八十余人的声音合在一起，震天动地，回荡在礁石上，完全遮盖了大海的啸声，如果真有海怪的话，一定被吓得逃得远远的。

第四日晌午，大家已经饿得再也不想动的时候，却见远处一艘船正在摇摇晃晃驶来，那船影虚

前面是海，后面是崖，粮食也没了，船也没了，只能听天由命了。

幻得像是天上的一片云。等船再靠近一些，大家开始挥着衣袖疯狂地喊，后面的几个水手索性把衣服烧了，那些湿衣服沤出的烟雾十分浓，船上的渔民终于发现了他们。

渔民看到这些人，一时不能确定他们是干什么的，于是高喊："你们为什么会在这里？"渔民的担心不是没有道理，江浙一带的海贼从来就没有消停过，渔民还不确定这些人什么来头，不敢轻易把船靠上去。

这边有人高喊："我们是行商的，船遇了难，货物都掉进水里了，现在船又撞上了石头，大家就困在这里，还请好心人救我们！"

渔民一看这帮人不像行商的，因为里面那么多僧人。他们调转船头准备离开。

这个时候鉴真站出来大声说："贫僧乃扬州大明寺鉴真，本想去倭国传法授戒，不想遭遇海难，困守荒岛，还望施主施予援手，搭救我等众人。"

这边渔民一听原来是鉴真法师，江淮一带谁不知道这位高僧。"原来是鉴真法师呀，失敬了，方才多有得罪，我们这就把船划过去。"

渔船不大，他们一共才十几个人。鉴真他们有一百八十多人，小小一条船根本就装不下。后来祥彦等人建议，先把法师载回去，再请人派大船搭救其他人。可是茫茫大海，只把一部分人带回去，留下的那部分人无论如何是难以接受的。鉴真就说："还是先带走一批工匠师傅吧，我留下来，等候下一班船。"渔民带走了工匠，把船上的粮食和淡水全部留下，并答应这就回去请援，让大家耐心等候。

　　渔民回去之后，迅速把这件事情报告给巡海官，巡海官一听说鉴真法师被困在荒岛上，十分焦急，赶紧把这件事情报告明州太守。明州太守马上调遣官船三艘，前来搭救鉴真法师。

　　渔民离开后第五天，三艘官船来到了荒岛，官兵们将已经走不动的人搀进船中。鉴真法师在几名徒弟的搀扶下也上了船。现在所有的人都无精打采，海面平静得如同一面镜子，和前几日的惊涛骇浪形成鲜明的对比，就好像那场大风是专门拜访他们的。祥彦说："一切都是因缘际会，我等大难不死必有后福，大家不要过分沮丧。"鉴真十分喜欢祥彦的乐观精神。

鉴真等人到了岸边，明州太守亲自迎接："法师受苦了，快到舍下一歇。"鉴真说："感谢大人，人生来就是要受苦的，没有这次经历，我又怎知这海的威力竟如此之大呢？"明州太守一笑，鉴真法师真是看得开。明州太守虽然十分敬重鉴真，但还是得公事公办，毕竟自己动用了三艘官船，这件事情还得向朝廷禀报。

经过二十余日，朝廷下令遣散其他闲杂人等，把十七位僧人先安置在明州鄞县山的阿育王寺。鉴真一行在大海里折腾了好几个月，如今总算可以喘口气了。

七、僧众阻挠

    明州阿育王寺里有座阿育王塔，这座塔大有来头。相传佛陀涅槃后半年，阿育王命令鬼差，建造了八万四千座佛塔。阿育王为什么有这么大的能耐，能够支使鬼差？原来阿育王是印度摩揭陀国孔雀王朝的第三代君主，阿育王是梵语，意译为"无忧王"，相传他是弑兄篡位，征服了羯陵伽国，几乎统一了印度全境。阿育王信奉佛教，在全国推行，并使之成为印度国教。在位期间，他修了八万四千佛塔，分布于世界的各个角落。这些塔大多都埋在地底下，只有少数人知道。而明州的这座阿育王塔，正是这八万四千佛塔中的一座。

    阿育王塔塔身呈深紫色，上面的雕镂非常讲

究，鬼斧神工，所有的人都惊为神迹。此后，四方的僧人和百姓都来朝拜，还在塔的周围建了很多佛堂和佛塔，所以才有了现在的阿育王寺。

阿育王塔的四面都有雕刻，一面是"萨埵王子变"，一面是"舍眼变"，一面是"出脑变"，一面是"救鸽变"，讲述的都是佛陀转世变相的故事。

与阿育王寺相关的还有另外三件奇事。第一件奇事是在阿育王寺附近的鄮山东南山岭之上，有一块石头，石头上有一个足印，长一尺四寸，前边宽五寸八分，后面宽四寸半，深达三寸。足印上有千福轮，其纹路清晰可见，世人传言说，这是迦叶佛的足迹。

第二件奇事是在阿育王寺东边二里处，路边有一口圣井，井深三尺有余，井水清凉甘美，让人回味无穷。更令人疑惑的是，这口井下大雨时井水不会溢出，极旱时也不会干涸。传言井里面有一条锦鳞，长约一尺九寸，人们说那就是护持阿育王寺的菩萨。于是有很多百姓以香华供养它，只有有福气的人才能看见它。有人曾经在井口造屋子，用的材料是七宝——砗磲、玛瑙、水晶、珊瑚、琥珀、珍珠和麝香，可眼看着屋子要修起来了，井水突然暴涨，把屋子全部冲走了，以后再也没人在井口建屋了。

第三件奇事是相传在一百年前，有一位法号敏的法师率领弟子一百多人在阿育王寺逗留讲法，持续了一个多月，很多百姓慕名前来听课，有时候会讲到深夜。这时候有人就看见大约有一百多名梵僧围着阿育王塔绕行，那些梵僧个子都很矮，只顾自己走，丝毫不理会旁边围观的人。看到的人就把这件事情告诉了寺里面的僧人，他们不屑一顾地说："这有什么大惊小怪的，每年佛教的节日，都会有很多人聚集在此寺，经常会在半夜里看到梵僧们绕塔游行、诵经、颂德。"看来寺院里的人对这些神秘现象已经见惯不怪了，因为阿育王寺本身就是一个神秘的存在，围绕着它发生的一切都像是合理的。

普照一行十七人每天听着阿育王寺的神奇传说，慢慢地也喜欢上了这里。早上用圣井里的清水泡茶喝，晚上对着阿育王塔静坐，这样的日子也十分惬意。

天宝三载（744）越州龙兴寺（位于今浙江绍兴）的僧人知道鉴真法师在阿育王寺修养，于是就请他到龙兴寺去讲律授戒。先是越州，然后是杭州、湖州、并州、宣州，鉴真法师一路弘法传道。此行授戒人数不下百人，结束后又回到阿育王寺。

虽然荣叡、普照二人看似过得很悠闲，心里却比谁都着急。鉴真法师自从上次荒岛获救以后，对于东渡之事绝口不提，荣叡和普照也不好意思再提。上次害得师父差点丢了性命，接下来怎么开得了口呢？可就在这天晚上，鉴真把两人叫到舍内问道："二位贤僧觉得阿育王寺如何呢？"荣叡说："此寺有灵塔坐镇，神佛护佑，是一块不二的宝地。"鉴真又问："二位留不留恋此地呢？"两人同时回答："如此灵寺，怎能不留恋。"鉴真又说："是不是连家乡都忘了呢？"两人一听这话，赶紧回答说："那可是魂牵梦绕的地方呀！"鉴真说："既然如此，我们何不速速东渡？何必在这里蹉跎时日。"两位听了鉴真的话后，便打算秘密计划再次东渡。

世上没有不透风的墙，尽管两人已经十分谨慎，可东渡的计划还是泄露出去了。越州僧人得到这个消息后，就聚在一起商量："鉴真法师两次东渡都没成，第二次还差点丢了性命。法师年迈体衰，万一出了岔子，岂不是令人痛心？"又有僧人说："鉴真法师之所以一直不肯放弃，就是因为那两个日本僧人的唆使。"又有僧人附和说："对，就是那两位僧人的问题，咱们应该揭发他们的阴谋。"

于是，越州百名僧人联名向山阴县官府请愿，说："荣叡和普照两个日本僧人想要诱拐鉴真法师去日本国，法师性善，受了蛊惑，若不及时阻止，法师就要被骗到日本去了，还请官府速速派人捉拿他们！"山阴县尉立即派人搜拿荣叡、普照两位僧人。

荣叡因为上次已经被抓过一次，所以平时就格外小心。他有时也会想，自己千里迢迢来到中国寻僧，现在跟做贼似的，常常会觉得委屈。不过转念一想，自己的一点委屈和国家的使命相比起来算得了什么呢？

第二天官府的人就来了，他们一闯进寺院，荣叡就从后门溜走了，躲到了一位叫王蒸的朋友家里。王蒸见这位日本僧人被逼得走投无路，就动了恻隐之心。可是官府人多势众，最终还是把荣叡搜了出来，给他戴上了枷锁和镣铐，准备送往京师发落。普照被视为从犯，没有被追究。

荣叡被押解到杭州的时候，开始有了死亡的恐惧。自己现在浑身是嘴也说不清，作为一个外国人，谁会相信自己呢？他转念一想，自己绝不能被押到京师，绝不能这么不明不白地死掉。于是，他想了个主意，诈病。

押解的官差这天早上催他上路，荣叡一动不动，官差走过来，发现他满脸通红。荣叡说："贫僧身体有恙，现在浑身酸痛难忍，能不能为贫僧找位郎中。"两位官差一看荣叡也没法行路了，要是死在这里，恐怕难以交差，于是就请了附近的一位郎中，荣叡在官差不注意的时候，把实情告诉了郎中，郎中对他很同情，于是就出主意让荣叡诈死。然后，郎中走出来对官差说："你们弄个死人让我看病！"两位官差大惊，就要进去看看，郎中赶忙拦住他们说："千万不要进去，里面的人死于瘟疫，进去恐怕传染，我是郎中，有药性在身，因此不怕。"官差就只能拜托郎中把荣叡的尸首赶紧处理掉，不想郎中却把荣叡放走了。

这样荣叡死里逃生，又回到了阿育王寺。鉴真法师和普照等人深感欣慰，尤其是普照，在听到荣叡被押解上京的时候，心就一直悬着，现在荣叡回来了，一块石头也落地了。

八、师徒相左

　　鉴真法师和荣叡、普照又聚在了一起，经历了几次磨难，三人的关系更亲近了，荣叡、普照已然成为鉴真的爱徒。荣叡、普照为了求法，前后受了多次牢狱之灾，艰辛不可尽言。可是他们一点都没有退却的意思，反倒是前几次的失利，让他们越发觉得不办成这件事情，就枉生在这个世上。鉴真法师十分欣赏他们，觉得一定要帮助他们实现愿望。

　　东渡之事宜早不宜迟，鉴真秘密派了法进和两个俗家弟子先行前往福州买船购粮。前几次的教训使他们明白从长江口出海极易遇到大风，而且容易被官府发觉，不如从福州出发，那里官府的控制相对较松，气候条件也好一些。

法进等人出发后约莫半个月，鉴真法师率领祥彦、荣叡、普照、思託等三十个弟子上路了。他们拜辞了阿育王寺、东山上的佛足印、圣井里的护塔鱼菩萨，直接取山道出了明州，这一切都是为了避开官府的耳目。

　　可官府怎能说想避就避得了呢？刚一出发，鉴真等人就被拦住了，他们懊恼不已。到了官府门前，太守卢同宰迎了出来说："我知法师今日要离开，特携属下及僧徒相送，法师去向何处，我们绝不过问。"卢同宰颇有古贤之风，大概也知道鉴真的动向，比较理解一行僧人的心愿，送行就只是送行，还给鉴真一行准备了很多干粮，并且已经提前送到白社村寺，那里是他们的必经之路。鉴真等人再三称谢。

　　到了白社村寺，鉴真发现这个寺庙的佛塔经年失修，已经被雨水冲刷得不像样子。鉴真不忍，命人停留下来，修缮了那破旧的佛塔，而且还和附近的乡民联合修建了一座宝殿，鉴真的建筑设计能力再次得到验证。修完宝殿后，鉴真等人再不敢耽搁，匆匆忙忙启程，到了台州宁海（今浙江宁海）

的白泉寺才歇了下来。

第二天吃完斋饭之后，他们就开始爬山，崇山峻岭且路途遥远，天明了赶路，天暗了歇脚，山涧里的水没过膝盖，寒冬的水冰凉渗骨，又有飞雪飘零，好在大家共同抵御寒苦，相互之间还能鼓劲。更重要的是，鉴真法师在前面默默赶路，年近六旬的老僧尚且如此，年轻弟子自觉更应坚强。

又过了几天，他们来到唐兴（今浙江天台），这里距离天台山国清寺非常近。

国清寺是佛教八大宗派之一天台宗的发源地，后来被日本天台宗奉为祖庭，为天台宗创始人智顗所创，"国清寺"是隋炀帝敕建。一行僧人都想一瞻国清寺的风貌。只见这里参天松树将庭院遮盖，竹林幽深，还有各种奇怪的树叫不上来名字；宝塔玉殿，赫然屹立其中。

一行僧人暂住在国清寺，鉴真法师借此机会巡礼胜迹，五峰围绕、两川夹流的国清寺不愧为天下"五山十刹"之一。他们还在国清寺学到了一门造像手艺，并且临摹了很多佛殿的造型。

鉴真一行离开唐兴县，过始丰县，到了临海

县，进了一片林子，走了半个时辰却发现又回到了原地，原来是迷路了，众僧都慌了神。这时候鉴真发现崇山峻岭中有一座白色的山峰耸立着，他把大家叫到跟前说："诸位看那边，有座白色的山峰，我们只需一直向那个方向走，时时抬头观望，定能够走出这片林子。"大家最终走出了林子。他们沿着一条河顺流而下来到了黄岩县，抄永嘉郡那条近路，到了禅林寺歇息。

第二天早上，他们用完早膳想要直奔温州，到了温州离福州应该就不远了。可就在这时，忽然有官差携带采访使的官牒前来，其实他们的目标不是别人，正是鉴真法师。

事情原来是这样的：鉴真的高徒灵佑，是江北名僧，他听说鉴真等人要从福州渡海，心里为师父的安危着想，坐卧不宁。于是他就联合江北一带多个寺庙的三纲（三纲是每个寺院里统帅大众、维持纲轨的重僧）聚在一起，灵佑说："我师父鉴真发愿去日本国传法，跋山涉海，历经了多少辛苦，沧海万里，师父的性命堪忧。我想请诸位大德与我一起，请官府传令留住师父。"

因为寺院里的三纲都是高僧，他们联名署愿，官府不得不考虑，就以通牒告知各个州县。于是江东道（唐代地方监察机构）采访使下牒给各个州县，追踪鉴真的踪迹，寻到禅林寺，找到了鉴真一行。

官差们并不敢无礼，只是以"防护"的名义，鉴真想要什么都悉心奉送，唯独不得自由。他们把鉴真送到了采访使那里，其余僧人则被扣留在禅林寺中达十日之久，最后被遣散。鉴真所到的州县，百姓都竞相参迎，欢喜礼拜，挤到水泄不通。看到如此场景，官府中人都对鉴真越发敬重。

扬州寺庙的僧人听说鉴真一行回来了，办好四事——衣服、饮食、卧具、药汤以供养鉴真法师。其实这些道俗还是不愿意鉴真离开中国的，所以他们非常高兴，争先恐后慰劳鉴真法师。

大家都在高兴，唯独鉴真法师闷闷不乐。灵佑跟随师父进了龙兴寺，师父呵斥了灵佑："我一心东渡，你却从中阻挠，枉你跟随我多年，却不知我心意。从今以后，再不要来见我！"鉴真这次历尽

灵佑每晚从一更站到五更，连续站了六十天。

艰辛就快要到达温州，本想着这一次东渡能成功，没想到竹篮打水一场空，心中的失落可以想见。此后鉴真吩咐绝不见灵佑。

灵佑心中也十分懊悔，他每天都去佛祖面前忏悔，希望得到师父的原谅。为了见师父一面，他每晚从一更站到五更，连续站了六十天。

这天诸寺的三纲大德又来礼谢，鉴真法师终于开颜了。诸寺大德都为灵佑说情，鉴真说："灵佑乃我爱徒，他自愿罚站六十日，也是一种修行，他这一站，应是精进不少。"灵佑听到此话，不好意思地笑了。

和鉴真同时回到扬州的有祥彦、思讬、荣叡、普照等人。祥彦自从这次跋山涉水之后，人变得黑瘦黑瘦的，脸颊陷落。思讬年纪尚小，充满激情，他还有更大的冒险心。

荣叡和普照暂居龙兴寺，这次打击最大的其实是荣叡，他感觉连希望都看不到了。鉴真法师本人的意愿尚不清楚，就算他愿意，淮南道采访使命令各个寺院的三纲监督鉴真，不准给他行方便，这样几乎就没有渡海的可能了。

普照的心思则慢慢发生了变化，他突然有种感悟，凡事不能过三，鉴真法师不能东渡，或许是天意，人不能和天斗。

荣叡和普照决定暂时离开鉴真法师，如果他们一天不离开，对鉴真法师的监视就一天都不会放松，鉴真法师就一天也不得安宁自在。他们来告别时，鉴真对他们说："你们可以随时再来，咱们相机行事！"二人万万没想到，鉴真法师初心不改，比他们两人还要坚定。

第二天，祥彦、思託送别荣叡和普照，没想到这一别就是三年。

九、漂流南海

　　唐天宝七载（748）春，荣叡和普照离开同安郡（今安徽潜山），南下扬州去拜谒鉴真法师，法师现在住在崇福寺。

　　这三年来，荣叡和普照为了不给鉴真法师惹麻烦，选择在扬子江上的一个小镇熬过了三年。如今荣叡五十出头，普照还差几岁也要五十岁了，此时鉴真已经六十岁。

　　现在官府对鉴真法师的监视也不再那么严密了，鉴真见了荣叡和普照，心生欢喜，聊了好长时间。三人现在已经达成默契，就算不说话，也知道彼此心里在想什么。三人计划造船，同时开始召集祥彦、思託等人，买香料，筹备物资，为第五次东渡做准备。

大概过了十天左右，该确定渡海的人员了。祥彦身体不是很好，但仍然愿意东渡。思託一提到东渡，兴奋之情就难以抑制，另外还包括神仓、光演、顿悟、道祖、如高、德清、日悟等一共十四位僧人，有些是刚加入的新面孔。另外，鉴真雇得水手十八人，自愿同行的还包括一些画匠和药师，共三十五人，加一起有六七十人。他们这次准备时间非常短，就是吸取了前几次教训，越快越好，免得节外生枝。

六月二十七日，鉴真一行从崇福寺出发，分头前往新河那艘船上，一搭上船，大家不敢多作停留，直下扬子江来到常州狼山附近。一听狼山这名字，就感觉凶神恶煞，可知此地绝非善地，鉴真第二次渡海就是栽在这里，这次居然在同样的地方又遇到恶风，风力一直不减，海浪一次次向船头冲来，第一次出海的人满心恐惧，船既不能掉头回去，又不能前进，就这样在风浪里旋转了三天三夜。好在第四天遇到了顺风，船随着风到了越州地界的三塔山（今杭州湾以东定海小洋山岛上），因为前几日的阴影还在，鉴真命令弟子们在此山等候顺风，一等就是一个月方有顺风，船行至署风山（今舟山岛附近）再停一个月。

十月十六日这天早上，鉴真法师起得特别早，他神采飞扬，把弟子们叫醒说："我昨夜梦见三个做官的人，一个穿着绯红色官服，两个穿着墨绿色官服，站在岸边向我道别。我想这个梦应该是国神比干向我们道别，今天肯定能起好风，助我们渡海！"不一会儿就见风改变了方向，鉴真令弟子们向着顶岸山进发。

这个时候，人们忽然看见东南方向有座高山耸立，那山岭时而模糊，时而清晰，仿佛一直在移动，虚幻得像画，飘渺得像梦。那些第一次出海的人激动地说："你们看，日本快到了！"到了日中时分，海里的雾气渐渐散去，那山岭也逐渐失去了踪影。有人就问："山怎么没了？"有经验的人就告诉他们："那是蜃气，是蜃吐出来的气体变化的山岭，不要被迷惑。"

离海岸越来越远了，风越来越大，波浪明显加剧。这里已经到了深海，水像是用墨染过一样黑。浪涛把船顶起来，船上的人就好像在高山顶上往下看，等那股巨浪过去，船又从山顶跌到了深谷，那如山岭一般的巨浪再次袭来。过了一会儿，又下起了暴雨，船没有任何遮蔽，就像待宰的羔羊一样被任意践踏。

大家为了祈求保佑，齐声祈祷观世音菩萨，高颂《观音经》，以求心安一些。掌舵的人大声喊："船就快要沉了，赶紧把货物抛出去！"

这时候有几名水手搬起东西就要扔，普照看他们要扔几箱子经书，一把拽住，说："给我放下，你要敢把它扔了，我就敢把你扔了！"水手一看和尚动怒了，神色像是要吃人似的，就不敢再扔。掌舵的人一看这样下去不行，就来找普照理论，普照说："那你们把我和箱子一起扔下去吧！"这时候，突然从狂风暴雨的天空中传来几声低沉的声音："不要抛弃，不要抛弃！"舵主吓了一跳，觉得有神灵在背后护佑，就再也不敢提扔经书之事。

入夜之后风浪依然不减，众人都投入到与狂风暴雨的斗争之中，这个时候舵主好像突然变了一个人，一扫先前的惊慌，变得非常镇定，他站立在船头说："大家都不要害怕，我们这条船有四大天王保佑，他们穿着甲胄手持权杖，两个站在船头，另外两个，一个在桅杆旁边，一个在船尾。"大家往船头和船尾扫视了一遍，除了一片漆黑之外什么也看不见。再看舵主一派镇定的样子，大家心里也平静了很多。

第二天，风浪终于变小了，但是整个船体已经被暴风骤雨摧残得不成样子，现在只能任其颠簸，潮水往哪里去，船就跟着往哪里去。根据太阳的位置，大家知道，现在是在朝着背离日本的方向前行。

鉴真对大家说："这一切都是我等众人注定的劫数，望大家莫要颓丧，一定坚持下去。"鉴真话不多，但他的声音有一种奇异的力量，只要一听到他讲话，大家就会镇定下来。

有人问舵主，昨晚他怎么会看到四大天王呢？舵主很惊讶，说自己什么也没看到。有人就把昨晚他所说的话讲了一遍，舵主说自己绝对没有说过那样的话。大家也都很疑惑，莫不是舵主受惊过度，已经神志不清了？

到了第三天，大家恍恍惚惚，已经没有多少力气。众人靠在一起，也不想多说话。这时候有个水手突然觉得手臂上凉飕飕的，抓起来一看，居然是一条青绿色的蛇，吓了一跳，赶忙扔掉了。大家正奇怪哪里来的蛇呢，回头一看，海里面密密麻麻飘满了蛇，这海蛇的斑纹果然与陆地上的蛇不一样，花花绿绿的。长的有一丈，短的也有五尺，有些蛇正慢慢往船上爬，幸亏船体太滑，只有少数才能爬上来，大家打起精神，站在船边驱蛇，把爬上船体的蛇全部撵下去。

好不容易渡过了蛇海，荣叡看见远处一片白花花的东西贴着水面冲了过来，越来越近了，在阳光的照耀下，泛着银白色的光芒，闪烁着，像横着的一束光射了过来。大家都提心吊胆，等待着厄运再次来临。再靠近一些，大家才发现那是一种奇怪的鱼群，他们不在水里游，而是借着波浪，贴着水面飞行，有些甚至飞到了半空。大家还来不及躲闪，那些飞鱼就冲了过来，很多僧人和水手都被擦伤了，很多飞鱼都撞死在船上。最大的飞鱼有一尺多长，这海里面果然是养育生物的天堂。鉴真法师坐

漫天的海鸟飞翔在这片海域之上，最大的海鸟几乎像人那么大。

在那里，看着死去的飞鱼，口里念念有词："阿弥陀佛，善哉善哉！"为鱼儿超度。

到了第五天，又有漫天的海鸟飞翔在这片海域之上，那最大的鸟简直像人那么大。海鸟们只要看到可以停留的地方，一个浮物，一个明礁，或者一条船，就会疯了似的靠上去。他们见到这条船，自然不会放过，密密麻麻地挤在船上的每个角落，船几乎承受不了这海鸟的重量。僧人们用驱赶它们，它们不仅不会飞走，而且还反过来会啄人。它们才是这片海域的霸主，区区几个人根本就不放在眼里。鉴真鼓励大家奋力划出那片海域，鸟才一只只飞离了船。

后来几天再也没有碰到这些古怪的东西，但急风和高浪又相继而来，僧人们无精打采地卧在船上，再也不想动弹。普照每天在吃饭的时候，依然会给大家分配少量的米，大家只能生嚼着吃，嚼得时间长了，咽喉开始发干，咽又咽不下，吐又吐不出，此前经历的辛苦都比不上现在。

这一天，祥彦站在船头观望海景，现在只有他和鉴真大和上有这样的兴致。祥彦忽然发现海中有四条金鱼，每一条大概都有一丈长，围绕着船身游动。那几条鱼浑身全是金色，没有一点瑕疵，就像是用金子雕刻的，祥彦感到非常惊讶。他认为金鱼是吉祥之物，这应该是好兆头。那几条金鱼在大海中优哉游哉地游着，和船上人的颓丧形成鲜明的对比。这几条金鱼还是给大家传递了某种力量，即便死，也应该是平静安详地死去，而不应该在怨天尤人的情绪中死去。

第二天，风停了，荣叡面露喜色，说："我昨天晚上做了一个梦，见到一位官员，我对他说，我很渴，想要水，那人不一会儿就给我取来了水。那水的颜色像乳汁一般，喝起来甘美可口，心里的燥火马上被平息，无比清凉畅快。我又告诉他说，我们船上还有几十个人，好多天都没有饮水，饥渴难耐，还请施主早早取水来救他们。那个官员就找司雨之神，司雨之神说这是件小事情，可以轻易地解决。我刚刚梦到这里就醒了过来。我想过不多久就会下雨，还请各位高僧快快把碗盆拿出来，等待雨来。"听了荣叡这个梦，大家都很高兴，觉得雨就要来了。

荣叡梦里的司雨之神到了第二天午后的未时，才真正把雨送来。西南天空中涌现出团团黑云，逐渐移动，慢慢地，那团云开始向船舱里面注雨，不过没有狂风，所以没有覆船的危险。这场雨就好像是专程来送水的，雨势非常大，已经足够他们用了，有些水手仰着头张着口，任凭雨水灌进喉咙。大家把能盛水的东西全部搬出来，收集雨水，以备不时之需。很多人还提到荣叡那场好梦，感恩那个梦里的官员和司雨之神。

自此以后，接连都是好运。第二天又发现一座小岛，近岸的时候有四条小白鱼来引路，船到了可以泊舟的水湾。一停下来，大家拿着碗争先恐后上岸去寻水，大和上坐在船上，由祥彦照看着。找水的人只翻过了一个小山岗，就找到了一池水，大家就又喝到饱足。

可到了第三天，他们又想到那个地方去喝水，却发现那里只有干涸的土地，原来的池水奇迹般地消失了。鉴真等人听说了此事，觉得此岛屿也非久留之地，应该尽早离开。

在海上漂流四十余日后，鉴真等人终于靠近了大陆，众人都兴奋不已，这一路遇到的各种神奇的事情，让他们觉得佛祖在护佑着他们，大难不死必有后福。

现在是十一月，本应该是寒冷的冬季，可是这里却全然没有冬天的气息，只见岸上繁花盛开，有些树上还结了果实，竹子拔得老高，不能分辨到底是冬季还是夏季。

鉴真派一些人到岸上去找入海的河口，路上，碰到了四个做生意的人，把他们引到了入河口，然后告诉他们："鉴真法师善人有善报，幸亏碰到的是我们，如果遇到其他人，说不定你们全部得葬身此地。这一带海盗猖獗，杀人不眨眼，还有很多当地土人，连人都吃，快快离开这里是为上策！"于是，鉴真一行火速离开此地。

到河口时已经天黑，鉴真一行碰到了一个手持大刀之人，披散着头发，大刀在月光下闪着寒冷的光芒，船上的人都怕极了，准备与之一拼。问他想干什么也不说，想要过去又被他挡住，后来大和上断定，此人应是当地土人，他们就把船上仅有的粮食给了他。那怪人见了粮食，一把抢到手里，害怕别人要拿回去似的，急匆匆地离开了。

　　他们连夜出发，又经过了三日，到了振州（今海南三亚）的江口才敢把船停下。终于踏上了坚实的土地，回首这一路走来的艰辛，大家心里感慨万千。

十、北还扬州

　　鉴真一行上岸之后，地方官冯崇债得到消息，派遣四百多名亲兵前来相迎，鉴真一行人受到如此高规格的相迎，心里十分温暖，大家也都跟着沾光。

　　四百名亲兵将鉴真一行迎入州城，冯崇债亲自接见，他对鉴真法师施了一个大礼，说："弟子早就料到法师要来，昨天晚上梦见你们这里有一个姓丰田的僧人，应该是我的舅舅，不知道在座的僧人里面有没有姓丰田的？"僧人们都说没有，冯崇债就说："既然没有姓丰田的，那法师就是在下前世的舅舅。"鉴真法师说："我和你今日在大唐的最南端相遇，这就是一种奇妙的缘分，是不是舅甥无关紧要。"冯崇债连连称是，把鉴真法师迎进宅子，设斋宴供养，其他僧人也以斋宴款待。

鉴真在这里住了没几天，他们就在冯崇债府里开坛设会，远近慕名之人都来这里受戒，过了几日，鉴真等被安排到大云寺修养。大云寺年久失修，现在已经破烂不堪。因为海南距中土太远，佛教气氛并不是非常浓厚，寺庙香火不太旺，久而久之就变得这样萧条。

鉴真从小就发愿，每到一处都要振兴佛法，所以他们第一步就是要先把这座寺庙修好。为了筹措资金，众位僧人连珍藏多年的袈裟都当掉了。一年的时间，凭借几十人之力，终于把这座寺庙给造好了。看着这座崭新的寺庙，谁也想不了出它一年前的模样。由于鉴真坐镇大云寺，来受戒的人很多，慕名前来为这座寺庙进香的人也多了起来，这庙的香火逐渐兴旺，附近一带的佛教气氛也变得浓厚，很多人已经把礼佛当成一种习惯。鉴真还把带来的法器等一并捐献给大云寺，这里还包括几箱经书，普照自觉东渡之事已经没有指望，就把珍藏的经书也捐了出来。

庙建好之后，鉴真看到僧侣们还乡的殷切期望，也看到荣叡、普照等僧人脸上的落寞。大家修寺的时候有事情在忙，不觉得有什么，可是一旦闲下来，那股忧愁又浮现在脸上。鉴真还注意到，祥彦和荣叡的身体日渐消瘦，尤其是荣叡，食欲大减，变得非常孱弱。鉴真把大云寺交托好，就决定要离开了。他让普照带荣叡先行离开，二人就坐着船直奔崖州而去。

别驾冯崇债不愿意鉴真法师离开，鉴真法师来这一年之间，冯崇债多次讨教，一年之内开悟不少。他对法师感恩戴德。本想多伺候法师一段时日，可法师非要返回扬州，说什么也不愿继续待下去。冯崇债迎接鉴真一行时派了四百人，现在鉴真要走，他调了八百余人护衛，自己带队，亲自护送，一直走了四十四天，送到了崖州（辖区相当于今天的海口，当时隶属于广州都督府），这年是天宝八载（749）。

荣叡和普照二人坐船，经过四十多日来到崖州，比鉴真早到十日。听说鉴真到了崖州，两人跟着游奕使（地方巡逻官）张云去拜谒师父，张云引领他们住进了开元寺。张云还亲自为他们选好地方，设好斋饭，并且赠了他们很多礼品。

思託等人第一次来到这个地方，看一切都很新奇。这里奇珍异果非常多，有益智子、槟榔、荔枝、龙眼、甘蕉、枸橼，还有一种搂头疑为柚子，大的像钵盂一样，甘甜如蜜。胆唐香树长成一片森林，只要有清风吹过，五里之外都可以闻到它的香气。还有一种波罗蜜树，果实大如冬瓜，树枝则像木瓜树。他们还第一次见到了菩提树，叶片像水葱一般，思託很好奇，把它的根摘下来尝了尝，味道像干柿。

思託是个有心人，他发现这里的人十月种田，正月收割，和江南一带截然不同，可以种三季稻子。男人穿着用竹篾编成的蓑衣，女人穿着简陋的布衣，很多人都雕脚、凿齿、纹面，风俗十分奇异。虽然言语不通，但只要和他们和睦相处，很多事情还是非常容易理解。

鉴真一行到了这里，大家都争相供养众僧。大使张云亲自为鉴真端上食物。他们为鉴真做的生菜是用优昙钵即无花果树的叶子做成的，张云还吩咐属下把优昙钵树籽送给各位僧人品尝。张云说："这是优昙钵树籽，这种树其实是开花的，不过总是在深夜，花开的时候芳香四溢，第二天清晨就凋零了，大家称为昙花一现。我今天碰到大和上您，就像是这优昙钵树开花，实在是非常难得的因缘。"鉴真法师笑着说："昙花一现，实乃冥冥之中自有定数。"思讬注意到，这优昙钵树的叶子呈赤红色，长一尺有余，树子像紫色的丹药一般，气味十分甜美。

过了几天，崖州街上突然起了大火，鉴真所住的开元寺也着了大火，张云就请鉴真法师新造一所寺庙。鉴真在扬州时曾经为周边地区修造了好多寺庙，几次东渡的路上也顺带修造了好多庙。他每每都亲身参与，亲自画设计图纸，有时还会露一手雕刻的功夫。这些都让张云十分钦佩，他见过很多高僧，都感觉高高在上，而鉴真却平易近人，哪怕是再粗鄙的活儿也愿意去做。或许在鉴真看来，这些小善事和大善事的性质并没有区别。

冯崇债虽然和这里相距百里之遥，但一心惦记着鉴真法师，他听说他在这里新造寺庙，就派遣很多兵奴，每人背着一根木椽送到这里，造寺的木材都齐全了。鉴真就命人迅速构建佛殿、讲堂和砖塔。兵奴们送的木材用不完，鉴真就命人雕了几尊佛像。这样建寺的工程很快就竣工了，比预期提前了好多天。

鉴真法师再次登坛授戒，仰慕者纷纷前来。祥彦、思託等人看着师父讲律的神情，还是那么的平静祥和，他们回想这一路跟随师父建寺、受戒、讲法，师父度人无数，真是弘法无量。

鉴真一行漂流到崖州以来，一年时间很快就过去了。随着时间的流逝，荣叡眼里的惆怅又加重了好多。经过了三天三夜的航行，他们重新踏上了久违的大陆，到达了雷州（今广东雷州半岛）。他们又从雷州北上，经过了罗州（今广东廉江）、辨州、象州（今广西象州）、白州（今广西博白）、傭州、藤州（今广西藤县）、梧州（今广西苍梧），最后沿着桂江而下，直达桂州（今广西桂林）。这一路上每到一个地方，当地的官员、僧人、父老乡亲都会迎送礼拜、供养承事。

在桂林，始安郡的都督、上党公冯古璞知道鉴真到来，亲自徒步来到城外，行五体投地和接足礼，把鉴真法师迎进开元寺。鉴真本不打算在此多作逗留，可是冯大人十分热忱真诚，鉴真就暂时留了下来。荣叡和普照心急如焚，若及早回到扬州，或可考虑再渡之事，如今时光蹉跎，东渡遥遥无期。荣叡看上去比普照显得更急，可能他觉得自己身体出现了问题，但怕别人担心，就一直隐忍。

开元寺于隋朝建立，后来因失火重建，玄宗时期改名为开元寺。如今寺中大殿已经多年未曾启用，冯古璞为了迎接鉴真法师，命人把大门敞开，初开佛殿那刻，满城飘香，僧人高擎法幢，唱着梵音，齐集在寺内迎候大和上。自从鉴真法师住进开元寺，连日来各个州县的官人百姓都来礼拜，把整个街衢填得满满的。

冯都督还亲自下厨，为鉴真一行准备食物，并请鉴真法师为他授菩萨戒，鉴真欣然答应。冯都督另外下令在其治下的七十四个州县当中选举学子，一起受菩萨戒。

鉴真法师每日有授不完的戒，讲不完的法，普照有时会想，鉴真法师是不是一定要去日本传法呢？他在大唐度化民众，功德无量，何必非得冒这个险呢？鉴真一行在桂林竟度过了整整一年。

一年后，南海郡（即今广东省一带）大都督、广州太守卢焕，派使者持牒来请鉴真法师西进广府。去广州是往西，去扬州是往北，如果去广州的话，那等于是绕道而行。鉴真想到卢焕乃四大望族范阳卢氏之后，是清廉的好官，所以还是决定去广州，众人只有遵从。临行时，冯都督亲自把鉴真法师扶上船，说："古璞今日和法师相别，恐怕只有在弥勒天宫才能相见了。"说完悲泣而别，站在岸边的百姓和僧众无不暗暗落泪。

鉴真一行顺桂江西进，七日后应该就能到达梧州。就在这个时候，发生了一件不幸的事情，荣叡奄然迁化，他是在夜里静悄悄地离开的，走得那么平静，仪容无比安详，嘴角还挂着一丝微笑。那些思乡的惆怅、羁旅的劳顿、狱中的绝望都彻底消失了。在佛教徒看来，一个人在临死时的觉悟，或可以助他免受轮回之苦。同样是死，有些人在临死时却不能安然，修行功亏一篑。像荣叡师这般参透了生死，带着微笑去了另外一个世界的人，世间能有多少呢？

鉴真法师闻讯哀恸不已，如今东渡之事未果，荣叡却客死异乡。鉴真对着荣叡的尸体，喃喃自语道："我看到你身体不适，就想早日回江南疗养，前些日看你身体有所好转，这才决定来广州，因为广州渡口码头众多，可以找机会再次东渡。没想到你却先我而去，真是造化弄人呀！"

众人含泪把荣叡的尸体裹好，找到一块面向日本的开阔地埋下了。时为天宝九载（750）末。荣叡从开元二十年（733）入唐，整整过了十七年，最后魂归他乡。

荣叡之死，最伤心的人除了鉴真法师之外，当然还有他的老友普照。两人同命相怜，有难同当，有福同享，彼此的灵魂已经牢牢连在一起。如今荣叡突然迁化而去，普照的心里空落落的，大家跟他讲话，他似乎在听，又似乎全没有听进去。祥彦、思託等人百般安慰也无济于事。

大家把荣叡送走之后，端州太守前来相迎，都督卢焕亲自在城外迎候，恭恭敬敬地把鉴真一行迎到大云寺，侍奉各位僧人的物品十分丰厚。此后请鉴真登坛授戒，前来受戒者不计其数。

大云寺里种着两棵诃梨勒树，它的果实像枣子一般大。广州还有一座开元寺，里面有当年胡人用白檀所造的"华严经九会"，是将《华严经》说法的形式以图样表现出来，用七宝装饰图样，精美到不可思议。

在广州还有三座婆罗门寺，里面都有梵僧居住。思託、普照等人闲暇的时候常常四处走动，他们参观其中一座寺院的时候发现了一个池塘，里面所种的莲花和一般的不同，叫青莲花，这种莲原产于印度，是非常名贵的品种，它的叶片非常修长，青白分明，叶子和根茎就像是分开一般，散发着阵阵幽香。

他们还走过珠江，江面上漂流着非常多的婆罗门船、昆仑（马来半岛）船、波斯船等，每一艘船上都载有香料、药材和各种珍宝，堆得像山一样。在港口还可以看到各国的旅人和商人，有狮子国的、大石国的、骨唐国的，还有很多白皮肤以及红皮肤的人。这广州城的繁华真可以和长安、扬州媲美呀！

广州虽好，但荣叡之死的阴影一直缠绕着大家。鉴真一行过了一个春天之后，打算离开广州，四方的僧俗排了长长的队伍来送行。尤其是都督卢焕，携带文武百官远送至城郊。

一行人向韶州（今广东韶关）出发，乘船溯北江，逆流而上七百余里，来到韶州的禅居寺，刚过了几天，韶州官人又把他们迎接到法泉寺。这座寺庙是武则天为慧能禅师建造的，慧能已经去世三十八年，寺院里的方丈仍然保留着慧能禅师的影像。慧能一生追求自性而活，是保留住了初心之人，所以才会有这样的面容，僧众们暗暗敬佩。

过了几天，他们又移居开元寺。这个时候，普照突然向鉴真法师请辞，他准备去明州的阿育王寺。普照临行时，鉴真拉着他的手，悲泣着说："我本一心希望弘扬戒律，发愿东渡大海，现在虽然还没有遂愿，但是我初衷不改！"普照要离开，让鉴真想起了荣叡。这一别，还不知道有生之年能不能再见普照，这年是天宝十载（751）。

普照这次去阿育王寺走的是浙闽的沿海通道，

这条路其实正是鉴真在天宝三载想要从明州出发到福州未曾走完的路，普照大概是想要弥补当初未曾走完这条路的遗憾，决定把没有走的路走完。

自从普照走了之后，鉴真总是牵挂，怕他一人在他国飘零，时时要忍受孤苦。再加上南方气候潮热，鉴真的眼力一天比一天差，看东西变得越来越模糊。这时正好碰到一位自称善于治疗眼疾的胡人医生，说可以治好。没想到治完之后，鉴真反而完全失明。弟子们迁怒胡医，师父却让他们放了胡医。他知道自己的眼疾是长年累月的奔波劳累，加上忧思而终至失明，与胡医无关。他对弟子们说："空即是色，色即是空，无眼耳鼻舌身意，我们所看到的世界，都不是真实的世界，那么看得见又如何，看不见又如何？"

鉴真失明之后，反而更加振奋起精神。他在弟子们的引领下，不仅先后巡游了灵鹫寺和广果寺，而且继续登坛授戒。

到了浈昌县（今广东南雄），鉴真一行翻越大庾岭，地势十分崎岖，鉴真只能由弟子搀扶着前行，每日行不到十里，一直到了虔州（今江西赣县）开元寺才停下来。仆射钟绍京被贬官在此地。钟绍京为人耿直，本来已经做到户部尚书，但因为姚崇等奸小进谗言，被贬到此地。他把鉴真法师延请到自己家里，请他立坛授戒，还向他请教了书法知识。

祥彦的身体一天不如一天，鉴真想尽快回到扬州，请大夫为祥彦调理，所以不敢多作停留。

他们离开虔州后，来到了吉州（今江西吉安），因为陆路难行，他们就雇了船向扬州进发。这天，病榻上的祥彦忽然起身端坐，他表情凝重，问思託："师父还在睡觉吗？"思託回答他："师父太累了，现在还没有睡醒。"祥彦就急着要下床，思託看祥彦一点力气都没有，就赶忙去搀扶他，祥彦说："我的命数将尽，现在容我和师父道别。"思託让祥彦待着别动，他赶紧去请师父。

鉴真来了之后，点了几炷香，让祥彦对着西天念"阿弥陀佛"。念完几声之后，就再也没有声音了。鉴真轻轻地唤着："祥彦——祥彦——！"悲恸之情难以抑制，思託等人尽力上前安慰。祥彦乃是师父最喜欢的徒弟，眼看着就快要回到扬州，却魂归于天，令白发人送黑发人。

荣叡迁化、普照远行、双眸失明、祥彦坐化，这一连串的事情对鉴真的打击可以想见。然而鉴真经历了这些事情之后，对佛陀的"苦谛"有了切身的体会，境界变得更高了。人生在世，必然要经历苦难，你可以选择沉浸在阴影里，悲哀地度过；也可以选择看破这纷纷扰扰，乐观地度过，生命全凭自己的一念。才不过几天，鉴真反而变得更加豁达。

鉴真料理完祥彦的后事，下赣水，过南昌，沿着鄱阳湖向江州（今江西九江）方向前行，住进了庐山的东林寺。道俗听闻鉴真法师从岭北归来，纷纷从四面八方奔来，每天都有三百多，争相供养，所供器皿堆在一起，熠熠生光。

鉴真法师在此地流连三天，又去了浔阳（今江西九江古称）的龙泉寺。龙泉寺是慧远法师所建，当年慧远法师在这个地方选址的时候，这里没有水，法师就发愿说："如果此地适合建寺的话，朽壤也可以抽出泉水来。"然后，他用手里的锡杖在地上轻叩了三下，忽然从地下腾出两条青龙，沿着法师的锡杖飞上来，青龙引着泉水冒出来后，就消失了。鉴真现在只能听到汩汩泉水冒出来的声音，思託告诉他那泉水涌出三尺多高，一行僧人想象着当年慧远法师召唤青龙的神奇场景。

离开龙泉寺后，他们到了江州城，太守大人集合州内的僧尼、导师、女官、百姓和州县官人一起前来迎接，他们焚香奏乐，连着供养了三天。

下长江东行七日后，一行人到达润州的江宁县（今南京），参诣了瓦官寺，这里有一个著名的宝阁，是梁武帝时所建，至今也有三百多年的历史，现在微微有些倾斜。据说有一天晚上狂风暴雨，第二天人们看宝阁的四个角落，都留下了神迹。要不是神灵用神力顶住了狂风，恐怕宝阁早已经倒塌了。

当年梁武帝崇信佛法，在各地兴建伽蓝（佛寺），此地就有江宁寺、弥勒寺、长庆寺、延祚寺等等，每一座寺里的雕刻，都是巧夺天工。思託领着师父参观各个庙宇，为师父讲述上面的雕刻，师父为大家讲解上面的故事，还亲手触摸某些雕刻，琢磨其刀法，思託等一干弟子跟着师父学到了不少雕刻知识。

鉴真的弟子灵佑听说师父回到了江宁，从很远的栖霞寺赶来迎接。灵佑悲泣着对大和上说："师父，您远去海东日本国，我以为这一生再也见不到您了，今日亲礼，真好比是盲龟开眼见天日，戒灯复明，昏昧的街市再度变得明朗起来。"鉴真见灵佑如此诚恳，也十分感动。

灵佑延请师父去栖霞寺静养三日。下摄山（栖霞山），鉴真一行准备返回扬州府，过了长江到了新河的岸上，就回到了既济寺。第一次东渡就是在既济寺谋算筹划，如今转了一圈又回到这里，思託的感受应该是最深的。

听说鉴真法师从远方归来，江都一带的道俗都争相前来参拜，舳舻相接，挤满了整条运河。鉴真住进了原来的龙兴寺。人们看到的鉴真法师依然祥和、庄严，只是双眸紧闭，再也睁不开，大家都暗自为法师祈福。

鉴真法师从中国最南端的振州还归扬州府，这一路走来，所经州县，立坛授戒，受戒之人难

听说鉴真法师从远方归来，江都一带的道俗都争相前来参拜。

以计数，真是功德无量。现在还归扬州府，鉴真以过人的精力，在天宝十一载（752）仍然在龙兴寺、崇福寺、大明寺和延光寺等地讲律授戒，没有停断过。

十一、终抵日本

天宝十二载（753）十月十五日中午，日本第十次遣唐使造访中国。这次遣唐使团的官员包括大使藤原清河、副使大伴古麻吕、吉备真备、卫尉卿安倍朝臣等。

遣唐使团来到中国后，先去了洛阳，后到长安觐见了皇帝。吉备真备曾经在唐朝做过官，汉语说得非常好，藤原清河让吉备真备全权处理一切事务。吉备真备把贡品献给皇帝，锦缎、布匹、珍珠、翡翠等不计其数，玄宗皇帝大展龙颜。

吉备真备趁此机会，特别向玄宗皇帝提到一件事情："陛下，臣等奉日本天皇之命，来中国聘请高僧到日本传法。扬州龙兴寺鉴真法师有意东渡，臣等希望带大法师一起还归日本，还请陛下恩准！"

玄宗皇帝迷恋道术，对于佛教不感兴趣。他说："东渡传法乃是好事，你们可以带走几位高僧，但还必须带上几位道士同往，让他们在日本国传道。我国的道术也非常玄妙，你们若理解了我国道教的玄妙，恐怕以后就不愿意再学佛了！就像这个西域国进贡的石榴，以前我并不知其甘美，现在却十分喜欢。如果不尝一口的话，怎么知道它的味道呢？"

吉备真备这下可为难了，日本天皇并不崇信道教，现在要把道教引入日本，恐怕日本天皇是不能答应的。他们回去商议了几日，觉得还是不要带去的好，日本国佛教还处于混乱当中，如今又加入道教，岂不是乱上加乱？于是他们奏请玄宗皇帝："启禀大唐皇帝，我国愿意留下春桃园等四人学习道法，领略道法的玄妙，不辜负皇帝陛下的期望，但是带上道士去日本一事，恐怕还得奏明我天皇陛下，我等不能决定。因此，我遣唐使船亦不奏请带道士，亦不奏请带僧人。"只是这样一来，鉴真东渡之事又没有得到官方的许可，只能是随顺鉴真自己的意思。

普照当时正好在长安重游，一听说遣唐使船已经来到中国，兴奋之情难以抑制，盼星星盼月亮，盼了整整二十个春秋，船终于来了。

就像冥冥中注定的一样，在这二十年中，任凭你如何努力也无济于事。然而一旦期满，你甚至不用做什么，该来的也来了。

普照立即来到鸿胪寺拜访吉备真备和清河等人，清河关切地问了问普照在中国的生活，普照如实把和鉴真几次东渡的过程说了一下，表示自己要同使船一起回国，吉备等人自然应允。但普照还是希望带师父鉴真一起去日本，他相信师父一定愿意去，这一点普照深信不疑，即使相隔几千里，他依然和师父心灵相通。于是，普照决定要南下扬州，和师父一起再次东渡。

普照见到师父，站在门口迈不动步子，也说不出话，只是看着师父。师父看不到普照，却像有心灵感应似的喊道："是普照啊！"

普照一下子跪倒在师父面前，握着师父的手，悲泣不成声。在阿育王寺的时候听闻过师父失明之事，现在真的看到师父失明了，普照心里十分难过。普照把这些年分别之后的经历一一讲了，师父见普照已然成熟许多。

过了几日，藤原清河、吉备真备等人来到扬州拜见鉴真法师："我等早已听说法师曾五次东渡日本，愿将佛法和戒律传到日本。今天终于得见法师的尊严，欢喜顶礼。我等启奏玄宗陛下，愿他恩准我们带法师过海传法，可是玄宗皇帝让我们带道士同往，这个要求我们不好定夺，所以带法师东渡的官文通牒没有拿到，现在只能听法师自己的意思。"

鉴真法师主意早定，就向清河大使等允诺了东渡之事。当时扬州的道俗都听到了鉴真法师要去日本的风声，对龙兴寺严加防护，说什么也不让法师离开。就在这个时候，从婺州（今浙江金华）来了一位仁幹禅师，他是鉴真法师的弟子，他知道师父想要秘密渡海去日本，就暗中准备好了船只，在江头等待。

鉴真法师在天宝十二载（753）十月十九日戌

时从龙兴寺秘密潜出，到了江头寻到仁幹禅师准备好的船只。刚要踏上船的时候，二十四位小沙弥悲泣着追了上来。原来鉴真法师刚刚潜出寺门的时候，碰到了一个扫地僧，扫地僧料定他要走，就把消息传给了几位小沙弥。小沙弥们平日聆听鉴真法师教诲，现在法师突然要走，都追了上来。

领首的小沙弥对鉴真法师说："师父您要到海东之国去，我们再见面的机会恐怕没有了，今天我们请您结一次缘，为我等授戒。"鉴真法师一看他们都很诚恳，就在江边为他们授了菩萨戒。授完戒后，鉴真法师乘船到了苏州，然后又到了黄泗浦（今属江苏张江港）。就在这一段时间中，愿意追随鉴真法师的几个弟子追了上来，包括：扬州白塔寺法进、泉州超功寺昙静、台州开元寺思托、扬州兴云寺义静、衢州灵耀寺法载、窭州开元寺法成等，另外还来了藤州通善寺尼智首等三人、扬州居士潘仙童、胡国人安如宝、昆仑国人军法力、瞻波国人善听等，总共二十四人。

鉴真法师见弟子们不畏惧艰难险阻，又跟了上来，甚是欣慰。尤其是思托，跟随他这几次东渡，从来没有怨言。他把每次东渡当成是人生宝贵的体验，当别人埋怨苦埋怨累的时候，他在享受这个过程，他有一只妙笔，有一双慧眼，时时刻刻记着，时时刻刻看着，妙笔生花，慧眼识天。这就是思託，不显山不露水，其实是最大的智者。

二十三日，清河大使安排鉴真法师所带的二十四人分别上船，鉴真及从僧十四人与清河大使在第一艘船上，另外十人在吉备真备的第三艘船上。

他们刚坐上船，大使身边的人就商议说："现在广陵郡的人都知道鉴真法师要去日本国的消息，想要阻拦我们，如果他们使用暴力的话，可能会伤害到大使的性命。"为此，他们居然把鉴真等人赶下了船。

鉴真法师不想放弃，他在等普照，他的爱徒，无论如何也要见这一面。

十一月十日夜，副使大伴古麻吕秘密把鉴真一行带上了自己的乘船。大伴古麻吕深明大义，他认为先请而后逐，是为不义，日本国大使不可做此等不义之事。

十三日，普照终于赶了上来，他们从余姚郡前来，坐着吉备真备的副使船，船上装了很多经书。普照来拜见师父，对师父被赶下船一事十分气愤，可是自己人微言轻，又没地方说理去。

这样，第一艘船是大使清河的船，第二艘船是大伴古麻吕的船，船上坐着鉴真一行，第三艘船上坐着普照，还有他的经书。第四艘船坐着其他人等。

十五日，四艘船整装待发，清河大使正要吹响启航号角，却不知道从哪里突然飞来了一只野鸡，撞死在船上，血淋淋一片，羽毛洒了一地。

二十一日，第一艘船和第二艘船都到了阿尔奈波岛（今日本冲绳岛）。平安到达了第一个目的地，大家都分外兴奋，这还是鉴真一行第一次在海上走得这么顺当。当他们靠岸的时候，发现第三艘船已经于昨晚到达港口。大使吉备真备果然是航海的好手，神不知鬼不觉就到了前面！

几艘船在阿尔奈波岛等顺风，没想到海浪滔天，拍打着港口边上的断崖，那声音让所有人胆寒。他们一等就十多天，进入了十二月。十二月六日南风起，四艘船即刻从阿尔奈波岛出发。出发没多久，作为领航船的第一艘船就触礁了，清河大使命人打开信号灯，后面的几只船就改变了航向，向着多祢岛（今日本种子岛）的方向驶去，避开了礁石。

第二天，鉴真所在的第二艘船终于到达了益救岛（今日本屋久岛），在此等候顺风，停了大概有十天的功夫，十八日又出发，一整天都处于暴风雨当中，海浪颠簸，船上人员昏昏沉沉，鉴真等人安静地坐着，他们对这样的场景似乎已经司空见惯了。十九日中午，有一位僧人忽然发现一个浪头后面出现了山顶，他惊喜异常，指着对面喊着："看，陆地！"一时间，所有的人都跑到甲板的一侧，望着远方的陆地，激动得相互拥抱。思託对鉴真说："师父，日本到了！"鉴真法师微微一笑，说："我看见了，白色的山和漫山遍野的樱花。"

二十日中午，第二艘船到达萨摩国的阿多郡秋妻屋浦（今日本鹿儿岛县川边郡西南方村大字秋目浦）。二十六日，延庆把鉴真一行引入太宰府，太宰大人好生侍奉。后来听闻吉备真备的第三艘船和第四艘船也都安全登上了日本岛，唯有清河大使的第一艘船一直没有消息，后来得知，这艘船漂到了越南，清河和阿倍仲麻吕虽然后来绕道到了长安，却再也没有回到日本。

鉴真一行成功踏上日本国土，是公元754年。从公元743年第一次东渡至今，已经过去整整十一年，鉴真曾漂流到东海、南海，其足迹曾遍及江苏、安徽、浙江、广东、广西、海南、江西等地。而今，鉴真东渡的心愿终于达成了！他们终于踏上了日本的国土！这年，鉴真已是六十七岁高龄。

十二、过海大师

天平胜宝六年（754）正月十三日，副使大伴古麻吕把鉴真一行已经抵达筑志（今日本福冈县筑紫野）的消息上奏于孝谦女皇，女皇命令沿途官员保护并招待鉴真法师。二月一日，一到难波（今属大阪），唐僧崇道就来迎慰供养。二月三日到达河内国（今日本大阪东部），正二品官员大纳言（相当于中国的侍中）藤原仲麻吕派遣使臣来迎慰。

普照和荣叡当年刚到大唐时，曾邀请了一位名为道璿的法师前来日本授戒，当初道璿名望有限，到了日本之后并没有授戒成功，但是道璿法师传播了中国的华严经和天台宗，如今有了一定的名望，听闻鉴真一行来到日本，就派了弟子僧善等前来迎接。

鉴真来到日本立即成了大新闻，各地僧人都想一睹这位传奇和尚的尊容，很多高僧，如志忠、贤璟、灵福、晓贵等前来礼谒。这些人都是日本佛教界的高僧，短短时间，鉴真法师便无人不知，无人不晓了。

鉴真法师于二月四日抵达京都，东大寺里面的别当少僧都（相当于主持）良辨带领他参观了寺庙，周围的一切都由普照和思託来描述。这座庙是皇家寺庙，金碧辉煌，非常气派。他们参拜了高十五丈有余的卢舍那大佛，听着思託的描述，那大佛的威严足以震慑整个奈良城。其实这座佛像是唐代造像技术传到日本后的第一杰作，它是仿效武则天在洛阳北邙山白马坡铸造的大佛而造。良辨一脸傲慢，问鉴真唐朝可有这么大一尊佛像，鉴真微微一笑，说："贫僧未曾见过。"其实大和上想到了龙门石窟里的卢舍那大佛，恐怕要比这尊壮观吧！

鉴真刚住下才一晚，道璿律师和日本的婆罗门菩提僧前来慰问。道璿于天平八年（736）来到日本后，一直住在大安寺西唐院，他既然不能取得授戒的资格，就在寺里讲解《梵网经》和《四分律行事钞》，来听讲的人越来越多，为日本佛界打好了律藏广布的基础。天平胜宝三年（751）四月，他就开始和日本佛教界的元老级人物隆尊平起平坐，一起担任律僧，在东大寺的大佛开眼供养会上被列为咒愿师，是奈良佛教界举足轻重的人物。与道璿一起前来的还有宰相、右大臣、大纳言以及一百多名官员。又过了几天，吉备真备前来传天皇陛下口诏：

"大德和上，远涉沧波，来投此国，诚副朕意，喜慰无喻。朕造此东大寺，经十余年，欲立戒坛，传授戒律，自有此心，日夜不忘。今诸大德，远来传戒，冥契朕心。自今以后，授戒传律，一任大和上。"①

由此可见孝谦天皇对大和上的信赖。大和上把所带的佛舍利、琉璃瓶、二王字帖等进贡给天皇，天皇十分高兴。尤其二王字帖，天皇十分欣赏，常常临摹学习。

① 引自：《唐大和上东征传》，梁明院校注，广陵书社，2010年，116页。

孝谦天皇陛下还敕命东大寺的僧都良辨抄录一份与大和上一起临坛高僧的法名呈给宫内，包括法进、普照、延庆、昙静、法载、思託、义静。又过了几天，孝谦女皇敕封大和上为"传灯大法师"。此后，大和上每天都要接待多位宾客，思託的日语也每日精进，他是大和上和来访宾客之间的翻译。

再说普照。自从归国之后，他不仅没有还乡的愉悦，反而被一种阴沉的情绪所笼罩，只有大和上和思託知道他在想什么，他在怀念一位老友。他不像其他留学僧那般风光，而是把自己幽闭起来。有一天思託去拜访普照，在院子里发现有晚开的茶花，颜色非常鲜艳，阵阵幽香弥漫在院子里。当他走过窗台，发现普照一人面壁而坐，神情安然，仿佛已入化境。思託不便打扰，迈着轻轻的脚步离开了。

公元754年四月初，孝谦天皇敕命吉备真备、良辨等人组织传戒法会。一时间，满朝文武官员齐集东大寺，百姓也是摩肩擦踵，把大街小巷围得水泄不通。东大寺被装饰得更加富丽堂皇，锦幡高挂、法器齐备，僧人整齐地站在红毯的两边，等候天皇陛下的莅临。卢遮那殿前的戒坛是良辨等人于半个月前搭建好的，高耸兀立，四周有石狮坐镇守护，场面十分气派。只见孝谦天皇在几位大臣的陪同下，缓缓向戒坛走来。天皇表情严肃，威严不可侵犯。

天皇见了大和上，行大礼，以普照、思託、法进等人为师证，正式受了菩萨戒。天皇是第一个登上戒坛受菩萨戒的人，这为全国树立了典范。然后，皇后、皇太子也跟随着受了戒。天皇陛下还从全国各个地方找到四百四十多位沙弥，纷纷受了戒。另外还有贤璟、志忠、善顶、道缘、平德、忍基、善谢、行潜、行忍等八十多人放弃了他们原先遵守的戒律，接受了大和上所授之戒。

一个月后，天皇下令，以原有的戒坛为基础，在大佛的殿西建造戒坛院，把此地作为大和上传戒授律的道场，第二年九月，戒坛院落成。天皇为了安置大和上等人，又下令在戒坛院的北面，建立唐禅院，专门训练和教育僧侣，大和上等人移居其内。另外，在唐禅院周围布置了讲堂、回廊、僧房、藏经阁等等，这一切都是按照唐朝的规制建立的，也是大和上亲自参与设计的。

这样一来，东大寺作为日本佛教界的"总本山"，成为全国的中心戒坛。因为有了正式的戒坛，又有了授戒大师，日本僧界不良习气被一并廓清。凡是没有经过正式的"三师七证"，都不具有僧侣的资格，也不享有僧侣的权利。

天平胜宝八年（756）五月二十四日，大和上被孝谦天皇委任为东大寺别当的"大僧都"（僧都中的最高级别），随大和上东渡的弟子法进也同时被任命为"律师"（日本僧官级别之一，位次于"僧都"）。同年六月，又敕令以太上皇的待遇，永赐为"祖师"。

慢慢地，四面八方前来学律的人越来越多了，没有多余的地方安置，很多人都只能来也匆匆去也匆匆。以前是没有主动学律的僧人，现在则是学律的人太多，却没有地方招待。

天皇得知这个情况后，说与几位大臣听，有大臣为天皇宽心说："陛下，此事不难。当年陛下隆恩，赐给新田部亲王的宅子现在空着，一直无人照料，不妨就在亲王的旧宅建造一座寺庙，以供养四方僧人。陛下意下如何？"

同年，圣武太上皇病重，大和上被请去会诊。大和上用中医为太上皇治好了病，天皇十分欣喜，就把新田部亲王的旧宅赠给大和上，请大和上以此地为伽蓝。普照和思託听了之后大喜。大和上说："太好了，这样一来四方的僧人就有地方可以住，我们的律法就可以发扬光大。"

这天，大和上受中纳言的延请，来到新田部亲王的旧宅，他感觉到此宅有珠光宝气环绕，从地上捻起一点土来，放在嘴里面尝了一下，连连点头说："嗯，不愧是宝地，这里可以立寺，而且我断定这座寺建成之后，一定可以屹立千年不倒。"大和上由徒弟法智搀扶着回去的路上，连连对法智说："真是一块福地呀，可以立伽蓝，绝对可以立伽蓝。"法智想，如果真如大和上所说，那得等到千年后由后人去证实了。

大和上立即主持僧匠和弟子们奠基石，搭架子、修椽木，一座金堂的架子已经起来了。大和上主持修建的寺庙难以计数，因此对整个寺庙建造非常娴熟。虽然他看不到，但这些庙堂就好像在他的心里有一幅画，他知道得一清二楚。有些僧匠忽略了的地方，倒是他先记起来。

就在这时候，普照送来了一样东西，名叫——甍。甍是大殿顶端的屋脊部分，是建筑物的最高处。普照送来的甍上面有一处很深的龟裂纹，他把它交给了负责建寺的工事，嘱咐一定要把它用好。

后来思託问起普照捐这个甍的深义时，普照说："大和上来日之后，我国僧界焕然一新，大和上就像是这金堂上的甍一样，标示着整个天平时代的文化最高点，大和上就是这'天平之甍'！"

天平宝字二年（758）八月，孝谦女皇让位于皇太子淳仁天皇，淳仁天皇下诏宣布：

"其大僧都鉴真和上，戒行转洁，白头不变，远涉沧波，归我圣朝，号曰'大和上'，恭敬供养。政事烦劳，不敢劳老，宜停僧纲之任。集诸寺僧尼，欲学戒律者，皆届令习。"①

在众僧匠和僧人的努力之下，寺庙终于落成了。这一年，大和上已经七十三岁了。这座寺庙基

---

① 《唐大和尚东征传》，梁明院校注，广陵书社，2010年，139页。

本上承袭了唐建筑的风貌，雍容华丽，十分气派。人们走在金堂之外，看见阳光投射在瓦砾上，金光闪闪。金堂坐北朝南，阔七间，深四间，三层斗拱，是座单檐歇山顶式的佛堂。

主要殿堂落成之后，大和上和弟子们又用"干漆夹纻法"塑造了不少佛像，均采用唐代最先进的工艺。金堂内的卢舍那大佛坐像、药师如来立像、千手观音菩萨像等，栩栩如生，丰姿绰约，掀起了日本天平时代的艺术高潮。

天平宝字三年（759），大和上把几个弟子叫来："我今天唤你们过来，是为了给咱们这座寺院起个名字，你们觉得应该叫什么才好呢？"思託沉思了一会儿说："既然法师所传乃为唐律，现在建这个寺庙的目的又是为了供养诸位僧人，索性就叫唐律招提寺吧！"大和上说："这个名字还可以，我们还是先请示圣上，让圣上裁夺吧！"

过了几天，淳仁天皇赐了一块匾额，上书"唐招提寺"四个金字，据说这几个大字是日本孝谦女皇仿中国书法家王羲之、王献之字体书写的。从此，唐招提寺屹立在奈良城达千年之久，见证着中日两国的友谊。

八月二十五日，唐招提寺建成，天皇又敕令在大殿前筑戒坛。上皇孝谦女皇、今皇淳仁天皇以及后妃百官等，皆来登坛受戒。天皇那夜忽然梦到一派法音升平的场景，他想，倘若照此发展下去，国家安定太平可以一直持续下去。于是第二天，又敕备州的一百町土地，纳入到当寺，以供养四方僧人。

天皇宣旨，凡出家人必须到唐招提寺研习律学，然后才可以选自己的宗派。唐招提寺实际上成为当时最有影响的寺院，已经超越了东大寺的地位。据说，受戒学律极盛，常驻僧人就有三万多。鉴真再传弟子丰安所作《招提寺流记》中把它称为"镇护国家金光明建初律唐招提寺"。《延喜格》（日本的一本法令集）中还提到"国危则可修理招提寺"。

天平宝字五年（761），唐招提寺成为律宗的"总本山"，是日本佛教的主要教育基地，标志着日本佛教纳入正轨戒律，大大推动了教徒对佛经的研习与探究。

天平宝字七年（763）春，大和上的弟子忍基忽然梦见讲堂的栋梁折断了，他从梦中惊醒，认为这不是一个吉兆。于是，就把这件事告诉了普照，普照最近也发现大和上身体异样，于是率领众位弟子，模仿大和上的形体，塑造了一尊影像。这尊像采用"干漆夹苎法"造成，他们先以泥土为坯，制成完整的造型，然后裹上苎麻布，再刷上漆，一层布一层漆，层层相叠，等其晾干后，再将泥坯挖出，生成中空的生漆造像，再用生漆调色，进行表面打磨装饰。这尊像高八十点零四厘米，大和上结跏趺坐，双目紧闭，神情安详，栩栩如生。大和上笑着说："我原来学此技艺，为的是给佛塑像，现在你们学成此艺，倒给我这个老朽塑了一座。"

大和上临终时嘱咐思讬，一定要继续修缮唐招提寺，他念念不忘在唐招提寺修行的四方学僧，他提道："我若终，已愿坐死，汝可为我在戒坛院别立影堂，归住房与僧住。"

五月六日，大和上结跏趺坐，面向唐土而迁化，享年七十六岁。大和上迁化三天之后，他的头顶仍然留有余温，所以一直不能入殓下葬。后来大和上火化的时候，香气飘满了整个山岭。

天平神护元年（765），称德天皇敕谥大和上为"过海大师"。淡海真人依据思託的传记，写了一本《过海大师东征传》。

大和上从天宝二年开始，为了传戒授律，五次整装出海，发愿渡海传法。每一次渡海的艰辛自不必多说，尤其是第五次漂流到南海，经历了漫漫归途才返回扬州。然而大和上等人矢志不移，本愿不退，这才终于等到了第六次渡海成功。在这六次东渡之中，被大海吞没或累死于荒山之中的共有三十六人。因为挫折和困难，萌生退却之心的道俗有两百多位，只有大和上、学问僧普照、天台僧思託，完完整整地经历了这六次与大海的波澜壮阔的搏击，前后经历了十一年，终于遂得本愿，来到日本国传授圣戒。由此可见大和上的济物慈悲之心之深之切。大和上不惜一切代价，甚至生命，一路上度化的人不计其数，无量功德，让人敬仰。

大和上到达日本之后，在律学、医学、建筑、

鉴真大和上一生度人无数，功德无量，让人景仰。

雕像、绘画、书法等领域，均对日本文化产生了重要影响，被后世称为"天平之甍"，即天平时代的文化屋脊，可见其影响力之大。

慧灯无尽，法云永存。

大和上育人弘法的精神，必将为世人称颂！

大和上六次东渡的故事，也必将为世人传诵！

鉴真

生平简表

● ◎ **唐则天后垂拱四年**（688）

鉴真生于广陵江阳（今江苏扬州），俗姓淳于。

● ◎ **唐则天后长安元年**（701）

鉴真随父去大云寺拜佛，后从智满禅师为沙弥。

● ◎ **唐中宗神龙元年**（705）

鉴真从道岸律师受菩萨戒。

● ◎ 唐中宗景龙元年（707）

游学洛阳。

● ◎ 唐中宗景龙二年（708）

在长安实际寺，从荆州玉泉寺高僧弘景律师受具足戒。

● ◎ 唐玄宗开元元年（713）

回到扬州在龙兴寺、大明寺等地讲律授戒，成为江淮一带道
路归心的授戒大师。

● ◎ 唐玄宗开元二十一年（733）

日本僧人荣叡、普照随遣唐史入唐。

● ◎ 唐玄宗天宝元年（742）

荣叡，普照等人至扬州大明寺拜见鉴真，冬，筹划第一次
东渡。

● ◎唐玄宗天宝二年（743）

高丽僧如海向官府诬告，第一次东渡受阻，未能成行。这年十二月，第二次东渡因遭遇大风而失败。

● ◎唐玄宗天宝三载（744）

第三次东渡的消息被僧众得知，告知官府，导致荣叡被抓。东渡之事再度搁置。第四次东渡，打算从福州进发，在永嘉时，突遇官府中人前来追捕，原来是鉴真徒弟灵佑请求扬州诸寺三纲阻止鉴真东渡。第四次东渡未能成行。

● ◎唐玄宗天宝七载（748）

荣叡、普照与鉴真从扬州再次东渡，至狼山界遇大风。过蛇海、飞鱼海、飞鸟海，遇风浪漂至振州，别驾冯崇债设斋供养。

● ◎唐玄宗天宝八载（749）

鉴真一行经罗州、辩州、象州、白州、容州、藤州、梧州至桂州。

●◎唐玄宗天宝九载（750）

鉴真应广州都督卢奂邀请，离桂州去广州。行至端州，日僧荣叡病故。

●◎唐玄宗天宝十载（751）

鉴真一行离开广州，至韶州。普照告别鉴真，去了明州阿育王寺。鉴真眼疾加重，双目失明。弟子祥彦病死于舟中。

●◎唐玄宗天宝十二载（753）

日本遣唐使藤原清河、副使吉备真备至扬州延光寺邀请鉴真第六次东渡。历时十二年，鉴真终抵日本，实现宏愿。

●◎唐玄宗天宝十三载（754）

鉴真为圣武太上皇、皇太后、孝谦女皇、皇太子、大臣授菩萨戒。天皇敕授鉴真"传灯大法师"。

●◎唐肃宗至德二年（757）

日本孝谦天皇敕封鉴真为"大和上"。

●◎唐肃宗乾元二年（759）

唐招提寺落成，淳仁天皇颁赐敕额"唐招提寺"。

●◎唐代宗广德元年（763）

思託等人用干漆夹苎法为鉴真造像。鉴真五月初六日于唐招提寺结跏趺坐，面西而逝。